TESTEMUNHOS DA MARÉ

ELIANA SOUSA SILVA

TESTEMUNHOS DA MARÉ

3ª EDIÇÃO

mórula
EDITORIAL

COORDENAÇÃO EDITORIAL Vitor Castro

EDIÇÃO Marilia Pereira

REVISÃO Thaina Barbosa

PROJETO GRÁFICO Patrícia Oliveira

FOTO (CAPA) Revolta dos moradores pela morte da criança Renan da Costa Ribeiro, ocorrida em frente ao 22º Batalhão de Polícia Militar no dia 1 de outubro de 2006, na favela Nova Holanda, Maré. CRÉDITO: Marcelo Régua, Jornal *O Dia*.

FOTO (FRONTISPÍCIO) Douglas Lopes

CIP-BRASIL. CATALOGAÇÃO NA PUBLICAÇÃO
SINDICATO NACIONAL DOS EDITORES DE LIVROS, RJ
Elaborado por Gabriela Faray Lopes – CRB 7/6643

S579t
3. ed.

Silva, Eliana Sousa
Testemunhos da Maré / Eliana Sousa Silva. – 3. ed. – Rio de Janeiro: Mórula, 2025.
280 p. ; 21 cm.

Inclui bibliografia
ISBN 978-65-6128-149-2

1. Favelas – Rio de Janeiro (RJ). 2. Violência policial – Rio de Janeiro (RJ). 3. Maré (Rio de Janeiro, RJ) – Condições sociais. I. Título.

25-100932.0 CDD: 307.3364098153
CDU: 316.334.56(815.3)

Rua Teotônio Regadas 26 sala 103
20021_360 _ Lapa _ Rio de Janeiro _ RJ
www.morula.com.br _ contato@morula.com.br
morulaeditorial morula_editorial

Para Renan da Costa Ribeiro, criança que teve a infância podada pela violência, como tantas outras nas centenas de favelas cariocas, em razão de uma violência que não podemos aceitar.

APRESENTAÇÃO

Chegamos à terceira edição do livro Testemunhos da Maré e me entusiasma pensar que as reflexões trazidas por esta obra, resultado da minha tese de doutorado, têm despertado interesse e alcance de leitores diversos. Sua escrita aconteceu como um desejo urgente de nos indignarmos com a interdição clara ao direito à segurança pública para pessoas empobrecidas no nosso país.

Por isso, reverberar este estudo é humanizar e dar vida a histórias que, normalmente, são invisibilizadas. Este trabalho tem foco na escuta direta junto aos moradores do Conjunto de Favelas da Maré, além de agentes da segurança pública e integrantes de redes ilícitas com atuação na região, a partir de uma questão básica que me inquieta faz tempo: por que a polícia é tão violenta quando se trata da abordagem a populações de favelas? Guiada por esse olhar, minha tentativa foi estabelecer um diálogo com esses três segmentos e captar de suas vivências e percepções o papel que podem cumprir para efetivação do direito humano que não se constituiu plenamente no Brasil, desde a sua gênese, a segurança pública, desconsiderando, inclusive, preceitos constitucionais mais básicos.

Nesta edição, foram feitas algumas pequenas atualizações, especificamente, no prefácio escrito por Luiz Eduardo Soares e no capítulo que organiza, de forma cronológica, o histórico dos governadores do Rio desde dos anos 1980, bem como a ênfase dada à segurança pública no Estado do Rio de Janeiro em cada governo. Agradeço imensamente as contribuições de Adriana Pavlova, Liliane Santos, Lidiane Malanquini, Shyrlei Rosendo, Douglas Lopes e Kamila Camillo, que, a partir das suas áreas profissionais de atuação, foram fundamentais na releitura desta obra.

ELIANA SOUSA SILVA

PREFÁCIO

Em 2012, tive o privilégio de escrever o prefácio para a primeira edição do livro de Eliana Sousa Silva, 'Testemunhos da Maré'. Treze anos depois, na oportunidade de sua reedição atualizada, releio meu texto com sentimento duplo. Por um lado, confesso que minha admiração pela autora só aumentou nesse período em que ela se tornou personalidade nacional, já conhecida inclusive fora do país por seu trabalho extraordinário à frente da Redes da Maré, entidade cuja importância também é hoje amplamente reconhecida. Portanto, o que afirmei no prefácio se confirmou, ao longo do tempo, e há bons motivos para celebrarmos Eliana, a Redes e tudo o que têm realizado ao lado da população da Maré, inspirando a sociedade civil nas mais diversas cidades e regiões. Por outro lado, constato, indignado e consternado, que a realidade dramática da insegurança e da violência policial, reiterada e impune, permanece a mesma.

Meu prefácio, infelizmente, permanece atual. Não porque os projetos implementados pela Redes e por organizações parceiras tenham sido inúteis e todo esforço, vão, mas porque as instituições policiais, as políticas de segurança e o conjunto do sistema de Justiça criminal continuam operando do mesmo modo, com indisfarçáveis vieses de raça, classe e território.

A sensação é que estamos encapsulados no dia da marmota, acordando eternamente para repetir a tragédia de Sísifo, condenados a testemunhar a brutalidade monstruosa e atávica de nossa história autoritária e escravagista. Sem as iniciativas sociais corajosas e inteligentes que compreendem a segurança como um direito, a situação seria ainda mais grave.

Embora exauridos e frustrados, não podemos nos render ao ceticismo imobilista. A renúncia a persistir, ainda que por vezes soe insensato insistir, ainda que a esperança pareça inteiramente delirante, nos faria cúmplices do inaceitável. Nesse sentido, a obra de Eliana, sua reedição, é urgente e indispensável. Por isso, atualizo os dados, mas mantenho a versão original do prefácio, conforme se lê a seguir

O livro Eliana Sousa Silva, *Testemunhos da Maré,* é importante por várias razões. Em primeiro lugar, o motivo mais evidente: produz conhecimento relevante sobre a complexidade multidimensional da segurança pública, em cujo âmbito se inscreve um desafio estratégico: a relação entre as instituições da justiça criminal, particularmente as polícias e a sociedade brasileira, em especial as classes subalternas. Desafio que, nesse caso, se apresenta sob sua forma talvez mais exigente e delicada, uma vez que o conjunto de comunidades que formam a Maré tem vivido a experiência dramática de uma artificial divisão geopolítica, derivada da rivalidade belicista entre duas facções criminosas, envolvidas no tráfico de drogas e armas.

Se muitos bairros pobres cariocas enfrentam a recorrente e institucionalizada brutalidade policial, cuja consequência tem sido um verdadeiro genocídio (entre 2003 e 2024, houve 22.361 mortes provocadas por ações policiais no estado do Rio de Janeiro), a Maré tem sofrido também os efeitos tanto da presença despótica, quanto dos eventuais conflitos entre os grupos armados que se organizam em torno do tráfico, em aliança com segmentos policiais corruptos, no ambiente condicionado por uma política de drogas hipócrita e irracional — enquanto um grupo miliciano atua em área contígua, que apenas formalmente se desgarrou do bairro, e cuja presença constitui mais um fator de tensão e ameaça.

Tomo a liberdade de interromper neste ponto a linha de meu raciocínio e ponderar que talvez alguém julgue exagerado e retórico o uso da palavra genocídio para descrever o processo (ainda) em curso no Rio de Janeiro. Nesse caso, peço ao leitor crítico que avalie o tom enfático que adotei contra o pano de fundo oferecido pelas palavras que se seguem, citadas neste livro. Musicadas, elas foram repetidas, por muitos e muitos anos, como um mantra no treinamento do Batalhão de Operações Policiais Especiais, da Polícia Militar do Estado do Rio de Janeiro, sob as bênçãos de comandos e governos, ante a indiferença displicente de alguns setores da opinião pública e o aplauso cúmplice de outros:

> "O interrogatório é muito fácil de fazer
> pega o favelado e dá porrada até doer
> O interrogatório é muito fácil de acabar
> pega o favelado e dá porrada até matar.
> Bandido favelado
> não se varre com vassoura
> se varre com granada
> com fuzil, metralhadora."

Exagerei? Ou se trata mesmo da barbárie institucionalizada patrocinando um genocídio? Retomo o fio de minha exposição.

Sem prejuízo dos obstáculos e riscos, e na contramão da violência, a sociabilidade comunitária tem sido exercida com intensa vitalidade, demonstrando mais uma vez que favela não é, unilateralmente, espaço negativo, definido por falta, incompletude, carência e vazio. É também lugar de criatividade cidadã, em todas as áreas da atividade humana. Essa energia social construtiva manifesta-se, inclusive, como nos mostra a autora, na organização de respostas à insegurança amplamente compartilhada.

Portanto, as ações de facções armadas e as periódicas intervenções policiais não encontram o vácuo, mas a espessura da resistência simbólico-cultural e a densidade das redes sociais. A comunidade se lança ao dia a dia laborioso, a conviver com os confrontos, as visitas desafortunadas e temerárias do caveirão, as operações inconsequentes da polícia, o arbítrio tirânico de jovens traficantes e também, felizmente, com momentos de paz. Os moradores da Maré não se rendem ao imobilismo e ao ceticismo. Persistem: negociando, mediando, reagindo, antecipando-se, buscando coalizões com a sociedade fluminense e representantes políticos, além das fronteiras do bairro, para que se viabilize a construção coletiva de cenários alternativos. A comunidade age desarmada, mas dotada da palavra legítima, do poder de suas múltiplas vozes e da força das organizações populares.

Nem por isso é idealizada pela autora como uma unidade coesa, acima do bem e do mal. As contradições rondam a vida social como em qualquer território, em qualquer segmento da cidade. Rondam também as instituições policiais e os grupos envolvidos com o negócio ilícito de drogas e armas. Não há realidades simples e homogêneas na sociedade. Portanto, generalizações não se sustentam. Nem aquelas que ecoam discursos acusatórios, nem aquelas estampadas em estatísticas criminais. Eliana Sousa Silva nos ensina que as histórias dos grupos sociais são distintas, os territórios guardam seus segredos, as tramas políticas e institucionais carregam seus próprios conflitos e devem ser analisadas em suas especificidades, sem que se perca de vista, entretanto, os contextos mais abrangentes e as conjunturas estaduais e nacionais (e até mesmo transnacionais), no interior dos quais a peculiaridade de cada trajeto assume sua plena significação.

Como, então, tratar a segurança pública como se fosse um objeto desgarrado de seu tempo e das marcas de nossa história?

Como tratá-la como se correspondesse a um universo de fenômenos independente da política e da cultura, da economia e das estruturas sociais, das expectativas e dos sonhos, das crenças e dos valores, dos afetos e ressentimento dos homens e das mulheres que tecem, no cotidiano, as relações sociais? Não é possível, nos diz a autora. Não sem que se pague um preço muito elevado pelo reducionismo. Um preço que gera prejuízo no plano do conhecimento e acumula débito no campo dos preconceitos.

Por isso, seu estudo sobre a segurança pública e a violência na Maré, ou a partir da Maré, é também, e sobretudo, uma lúcida e sensível investigação sobre a história da formação da comunidade, sobre a expansão da democracia nos bairros pobres, o associativismo popular e seus revezes, as táticas eleitorais clientelistas e as estratégias de contra manipulação, e o relacionamento com o Estado mediado pelas forças da ordem, cuja prática as requalifica como instrumentos da desordem.

O recurso a entrevistas e depoimentos, a interlocução com moradores, policiais e traficantes, e a observação participante é tão importante que migrou para o título: 'testemunhos'. Ousaria sugerir que mais do que isso, este livro, originalmente uma tese de doutorado, foi escrito à moda de um longo testemunho da própria autora. Assim como na literatura destacam-se os romances de formação, há, nas ciências sociais, relatos genealógicos (explícita ou tacitamente autobiográficos) relativos ao desenvolvimento das experiências de formação dos autores enquanto sujeitos humanos, intelectuais e cidadãos. Tais relatos nem por isso deixam de ser retratos relevantes sobre aspectos mais gerais da sociedade.

É nessa clave que situo a obra que os leitores têm em mãos. E esse é mais um motivo da importância especial que atribuo a este livro. Senão vejamos: quem seria capaz de realizar uma pesquisa ouvindo policiais, traficantes e membros da comunidade, em cujo território os dois primeiros costumam duelar? Quem teria autoridade humana e legitimidade social para transitar com liberdade, merecendo respeito de todos? Quem obteria salvo-conduto para cruzar zonas de guerra e atravessar as fronteiras que separam nichos de poder inimigos, em um mesmo território? Quem conquistaria a confiança da população, a ponto de colher depoimentos preciosos, furando o bloqueio do medo? Medo mais do que justificado, diga-se de passagem. Quem superaria com tamanha coragem o próprio medo e circularia entre personagens tão diferentes com tanta fidalguia?

A resposta só poderia ser: alguém que, a par de competente intelectual, tivesse convivido toda a sua vida com os moradores, tivesse crescido com suas famílias, compartilhando a dor e o prazer de ser como os demais. Alguém que, por sua atuação ao longo de décadas, tivesse demonstrado, acima de qualquer suspeita, rigor ético na defesa de seus princípios, absoluta lealdade à comunidade e incansável disposição para o diálogo — equilibrando espírito de liderança e a humildade de quem se sabe membro de uma fratria. Alguém cuja palavra merecesse confiança e que valesse como moeda forte, inquestionável, para todos os grupos, todos os personagens de todos os quadrantes. Alguém cuja trajetória pessoal e política tivesse feito história e que, portanto, ao contar sua vida e rememorar acontecimentos, estaria escrevendo a história de sua cidade e de sua geração. Alguém como Eliana Sousa Silva.

Eliana cresceu na Maré. Foi a primeira mulher presidente de uma associação de moradores. Chegou à universidade, estudou no exterior, obteve o título de doutora, sem jamais deixar a Maré. Dedicou-se a projetos sociais, culturais e educacionais. Investiu na criação de cursos pré-vestibulares gratuitos e noturnos para que outros tivessem a chance que o destino não lhe negara. Liderou moradores na luta pelos direitos humanos e pela mudança do modelo de segurança pública há décadas implantado — e suspenso ou provisoriamente transformado em breves períodos.

Por tudo isso, creio que devemos a Eliana Sousa Silva muito mais do que um prefácio poderia registrar. Ela nos deu um belo livro, cujo valor independe do itinerário biográfico de sua autora, nem sua qualidade deve ser atribuída à sua origem. Mas além de um livro notável, válido em si mesmo, Eliana nos deu um exemplo extraordinário de transgressão dos padrões, preconceitos e probabilidades. Um exemplo admirável de auto invenção cidadã.

LUIZ EDUARDO SOARES

Antropólogo e escritor

FOTO: DOUGLAS LOPES

1

DE ELEIÇÕES, MORTES ABSURDAS E NOVAS PERSPECTIVAS SOBRE A VIOLÊNCIA NA MARÉ

Era uma manhã de sol e calor intensos. As crianças brincavam nas ruas e corriam sobre um verdadeiro tapete de panfletos de candidatos, cujos cabos eleitorais faziam boca de urna. Já na passarela sobre a avenida Brasil, um grupo de homens e mulheres distribuía os 'santinhos' que o vento se encarrega de resolver e fazer voar como se trouxesse uma lufada de democracia para a favela neste primeiro de outubro de 2006, dia em que se realizava mais uma eleição para a escolha de governadores, senadores, deputados estaduais e federais em todo o Brasil. Segundo o balanço da imprensa ao final do dia, o processo eleitoral transcorreu conforme planejado pelo Tribunal Superior Eleitoral, ressalvando-se algumas especificidades devido à realidade particular de cada estado.

No caso do Rio de Janeiro, registram-se, eventualmente, incidentes em determinadas áreas da cidade onde as eleições acontecem — especialmente nas zonas eleitorais localizadas em favelas. Nesses locais, há um reforço do aparato policial devido ao suposto risco de que quadrilhas de traficantes de drogas ou de milicianos[1] poderiam oferecer aos eleitores e à equipe responsável pela eleição.

---

1 Nessa época, havia na Maré quatro grupos criminosos que dominavam os diferentes territórios locais: três eram vinculados às facções criminosas do tráfico de varejo — Comando Vermelho, Terceiro Comando e Amigos Dos Amigos (ADA), e o quarto era constituído por um

No Conjunto de Favelas da Maré,[2] dia de eleição é sempre um momento festivo, seja por conta da quantidade de pessoas que vão às ruas fazer propaganda dos candidatos, seja por propiciar o reencontro de famílias e amigos que se mudaram para outras localidades próximas e voltam em dias como esse porque continuam votando na região. Sem dúvida, a atmosfera que se percebe nos dias de eleições nas áreas mais empobrecidas e estigmatizadas da cidade é caracterizada pela festividade do encontro coletivo e, em menor medida, pela leve, mas persistente esperança de que alguma melhoria para a vida comunitária possa advir do processo político.

Em termos pragmáticos, a eleição também é vista como um momento especial e positivo por muitos moradores que conseguem um emprego temporário de cabo eleitoral, mesmo que raramente acreditem nas propostas afirmadas pelos candidatos que divulgam. Nesse território em particular, o período eleitoral configura-se como uma época de agitação permanente, e sua culminância, o momento de celebração maior, é justamente o dia da votação do primeiro turno, quando os eleitores vão às urnas para escolher seus candidatos.

Para mim, que me mudei da Maré em 1995, dia de eleição é um ritual cívico pessoal: volto à mesma seção eleitoral em que depositei o meu primeiro voto. Nunca abri mão dessa experiência de valorização das minhas origens

---

grupo de milicianos. Em 2010, a facção ADA foi expulsa pelo Terceiro Comando, permanecendo, então, os três outros grupos. As milícias são grupos criminosos formados, em geral, por integrantes do aparato de segurança do Estado, tais como policiais, agentes penitenciários e bombeiros. Os criminosos que integram as diferentes milícias que agem nas favelas cariocas ocupam comunidades populares e controlam uma série de atividades econômicas, normalmente ilegais ou informais, como transporte alternativo, TV por assinatura clandestina, monopólio da venda de produtos específicos (como o gás de uso doméstico), além de cobrarem taxas de proteção. Como forma de legitimação, os milicianos supostamente oferecem serviços de segurança à população de áreas antes dominadas pelo tráfico, expulsando os traficantes e reprimindo o uso e a venda de drogas.

2 O denominado, oficialmente, bairro Maré está situado na região da Leopoldina, na cidade do Rio de Janeiro, e é formado por 15 favelas, formadas em diferentes momentos e por meio de processos diversos a partir da década de 1950.

e do prazer de sentir mais uma vez a intensidade da vida nesse lugar no qual inúmeros laços continuam determinando o meu pertencimento.

Em primeiro de outubro de 2006, todavia, a eleição teve um significado diferente para mim. Nesse dia, assisti a uma cena que me mobilizou de forma profunda e contribuiu decisivamente para a definição do tema deste livro e da pesquisa realizada para o meu doutorado, que foi a base desta publicação. Um fato que não mereceria maior destaque nos balanços da imprensa tornou-se essencial para mim, pois desencadeou outro processo de enxergar a realidade e me permitiu perceber como eu poderia contribuir para a construção de outra forma de atuação da polícia nas favelas, bem como me fez repensar sobre os efeitos da intervenção que vem sendo impressa, ao longo do tempo, na área de segurança pública para essas localidades.

Como em todas as eleições anteriores, eu estava diante da antiga casa de meus pais, em Nova Holanda, comunidade da Maré onde residi por 25 anos. A casa fica em frente a uma escola municipal, onde estudei na infância e que, em dias de eleição, funciona como uma importante zona eleitoral.

Já passava de 12h30 quando surgiram, de modo abrupto, na rua Principal de Nova Holanda, duas viaturas tipo 'Blazer' da Polícia Militar, mais conhecidas como 'camburões'. Apesar de não haver qualquer sinal de problemas no local, as viaturas passaram velozmente, atirando a esmo e cantando os pneus. As pessoas estavam reunidas na rua: algumas conversando, como era o meu caso, outras jogando baralho ou fazendo churrasco na porta de casa naquele domingo de eleição. Todos se assustaram e correram para buscar abrigo nas casas ou comércios mais próximos. Consegui me abrigar numa farmácia e, de lá, assisti a uma cena dramática: uma criança de três anos de idade, agarrada à mão da avó, foi atingida na barriga por uma bala justamente no momento em que os policiais passaram atirando sem olhar para o que havia à frente.

A avó, que corria para se abrigar na casa mais próxima quando ouviu os tiros, começou a gritar desesperada ao ver a criança caída no chão. Quando percebeu que ela havia sido atingida, um dos camburões parou e dele saltou um dos policiais que, sem nenhum comentário ou explicação, seguiu apressado em direção à criança caída, pegou-a no colo, retornou correndo para a viatura e — eu saberia logo depois — levou-a para um hospital próximo. A avó, que havia começado a passar mal pouco antes, desmaiou e foi socorrida por alguns moradores que, naquele momento, já se aglomeravam em torno dela.

Depois da saída dos policiais, um número significativo de pessoas que presenciou o ocorrido saiu às ruas, gritando que aquilo era um absurdo e pedindo justiça. O clima era de comoção entre os moradores perante os absurdos daquele ato de violência. O tom de revolta foi tomando conta das falas e era unânime a defesa de que todos deveriam ir até o 22º Batalhão — único do Rio que se localiza em uma favela e, ironicamente, a 300 metros de onde o fato ocorreu — para protestar contra a maneira como a polícia havia chegado à comunidade e atingido uma criança de três anos. As pessoas estavam muito revoltadas e alguns moradores bastante exaltados.

Ao ver a confusão que se anunciava, cheguei perto e propus que de fato fôssemos ao batalhão, mas de maneira organizada e ordeira, para pedir justiça e exigir a punição dos responsáveis por aquela incursão ultrajante em Nova Holanda. Enquanto discutíamos o que fazer no meio da rua, foi dada a notícia de que a criança, cujo nome era Renan, havia falecido logo após dar entrada no hospital. Nesse momento, os ânimos se exaltaram novamente e houve uma confusão com gritos, acusações e xingamentos. O tumulto foi enorme e, assim, de forma desordenada, começou uma marcha rumo ao batalhão, percorrendo os dois quarteirões da rua Sargento Silva Nunes, que separam o local do incidente e sua entrada.

A nossa chegada ali foi marcada por uma recepção desastrosa, evidente exemplo de que a instituição policial, embora de responsabilidade do Estado, está longe de ser uma organização republicana: fomos recebidos com o fechamento de um grande portão que fica nos fundos do prédio e que dá passagem para carros que queiram sair pela comunidade.

O primeiro intuito do grupo era falar com o comandante e denunciar de forma clara e objetiva o que havia ocorrido, como tentativa de contribuir para a apuração real dos fatos. Entretanto, o comandante demorou a vir até o portão e a cada momento mais e mais pessoas chegavam para protestar. Houve muitos insultos das duas partes: de um lado, os moradores chamavam de assassinos os policiais que, enfileirados no portão de entrada, impediam nossa passagem; de outro, os policiais nos olhavam com certo desprezo e respondiam às afrontas com gritos, xingamentos e grosserias, principalmente às mulheres. Foi muito doloroso ficar quatro horas diante do batalhão e sentir de forma tão viva a distância existente entre os moradores de comunidade e os profissionais da segurança pública.

Enquanto esperávamos para falar com o comandante, telefonamos para alguns profissionais que trabalham em instituições de direitos humanos, como a organização Justiça Global. Com a chegada de dois membros dessas entidades, decidimos formar uma comissão e forçar nossa entrada no batalhão, já que, até aquele momento, não havíamos recebido nenhuma resposta em relação a essa possibilidade. Diante do novo cenário, o comandante decidiu, enfim, ir ao portão e receber uma comissão de pessoas em sua sala.

O grupo era composto por mim — indicada por vários moradores em função de minha longa história de militância no movimento comunitário e em outras organizações locais —, pelos representantes das instituições de direitos humanos e por uma tia de Renan, o menino assassinado com um tiro de fuzil. Foi uma conversa bastante difícil em função da postura extremamente defensiva e avessa ao diálogo por parte do comandante do batalhão, que não ocultava o incômodo em nos receber.

De imediato, ao tentarmos explicar o que presenciamos com a chegada da polícia em Nova Holanda, recebemos uma agressiva e mal-educada resposta. O comandante defendeu os policiais sem considerar nossas falas, afirmando que teriam visto dois traficantes em cima de uma moto e portando uma arma no local onde ocorreram os tiros, e que tiveram de responder ao ataque dos bandidos.

Ao ouvir esse argumento, a tia do menino se exaltou, declarando de maneira enfática que os fatos não haviam ocorrido como ele estava dizendo. Na versão de alguns moradores, os policiais militares cometeram o atentado em represália à traficantes de drogas locais que teriam se recusado a aceitar uma tentativa de extorsão, afirmando que já haviam pagado a outro grupo de policiais para não terem problemas naquele dia. O fato mais impressionante para mim, porém, foi a atitude obstinada do comandante de ignorar qualquer outra versão do episódio que não a que lhe foi trazida pelos seus subordinados. Não havia de sua parte qualquer interesse em ouvir a fala dos moradores da região em que ele atuava e dos quais, em tese, deveria garantir a proteção e a segurança. Era evidente que não faria qualquer esforço para investigar, de fato, o assassinato da criança e que ele via toda a comunidade como uma ameaça. Diante dessa situação, voltamos ao portão do batalhão. Os ânimos dos manifestantes ficaram ainda mais alterados e os xingamentos aumentaram. Após algumas horas de tumulto, a imprensa chegou — o que incomodou, sobremaneira, os policiais. Eles tentaram fechar novamente o portão do batalhão, mas os moradores não deixaram por não terem obtido ainda qualquer posição ou resposta clara por parte da polícia. Naquele momento, começou uma troca de empurrões. Os policiais jogaram bombas de gás lacrimogêneo, que estouraram no meio dos manifestantes, e deram tiros para o alto a fim de dispersar a multidão de moradores.

No entanto, não alcançaram o objetivo desejado e tiveram como resposta o acirramento do clima de violência: algumas pessoas começaram a lançar pedras e pedaços de madeira em direção ao batalhão. Com a confusão instalada, corremos para nos abrigar atrás dos carros estacionados em frente ao prédio. Fui dominada pelo choro ao ver, decepcionada, como uma demonstração de cidadania tão expressiva tinha como resposta apenas o autoritarismo, a violência e o desrespeito aos seres humanos. Veio-me, então, uma sensação repentina de impotência e descrença por saber que aquelas ações não eram um exemplo isolado, mas uma expressão típica da maneira como as forças policiais agem nas regiões mais pobres da cidade.

No dia seguinte, todos os jornais da cidade estamparam com destaque a confusão que se instalara no dia da eleição na Maré. Foram muitas as versões apresentadas pelos meios de comunicação para justificar a morte de Renan de forma tão gratuita e absurda. As notícias geralmente reproduziam a versão do comandante do batalhão: um suposto confronto entre policiais militares e traficantes. Como havíamos intuído, não houve investigação efetiva do caso e nada aconteceu aos policiais envolvidos.

* * *

Pintura do Encontro das Artes no muro das escolas municipais do Campus de Nova Holanda, para o lançamento da campanha *Somos da Maré! Temos Direitos*, em dezembro de 2021, iniciativa da Redes da Maré.
FOTO: DOUGLAS LOPES

O impacto da situação ficou em minha mente, meus olhos e minha alma — e até hoje me acompanha e me alimenta. Na tentativa de não sucumbir à barbárie, os sentimentos iniciais de impotência, decepção e dor foram substituídos pelo desejo de compreender as razões para as práticas policiais violentas nas comunidades populares e buscar caminhos alternativos nesse campo.

Através do diálogo permanente entre diferentes atores, de variados lugares e experiências, creio ser possível construir no presente aquilo que reivindicavam os moradores de Nova Holanda nos momentos de comoção que se sucederam à morte do menino Renan: o fim da violência policial e uma nova política de segurança pública com respeito à vida e cidadania dos moradores das favelas cariocas. Por isso, em lugar de demonizar as ações da polícia nas periferias e áreas de moradia popular, procurei compreender melhor o sentido das intervenções policiais na Maré e, para isso, tentei construir canais que me permitissem ouvir as versões desses agentes do Estado, além dos relatos de moradores das diversas comunidades que integram a Maré — dentre eles, os traficantes de drogas e milicianos, atores importantes no processo de construção de representações que respalda, a partir de uma lógica de guerra que visa a combater um inimigo, incursões letais nos espaços periféricos.

Com referência à amplitude de olhares e interpretações, creio tornar-se possível construir espaços de interlocução com um leque de autores que têm proposto diferentes formulações teóricas e práticas que afirmam a possibilidade de realização de uma política de segurança cidadã. Acredito que isso não apenas seja possível como indispensável para a melhoria significativa da qualidade de vida tanto nos espaços populares quanto no conjunto da cidade.

O sentido de minha caminhada

Morei desde os sete anos de idade na Nova Holanda, uma das favelas que integram o chamado *bairro* Maré[3]. Nessa época, minha vida se restringia a frequentar a escola, a paróquia da Sagrada Família — da Igreja Católica, em cuja religião fui criada e com a qual meus pais tinham e ainda têm grande envolvimento — e a brincar dentro de casa com minhas quatro irmãs e meu irmão. Meus pais não admitiam que brincássemos na rua: "onde só se aprende o que não se deve", conforme afirmavam com rigor de nordestinos formados segundo padrões de sociabilidade que se chocavam com grande parte do que era visto na favela. Com o espaço das ruas interditado, meus pais nos levavam, quando podiam, ao cinema e ao parque de diversões.

Na adolescência, passei a ajudar meus pais na loja que tinham na esquina da rua Principal com a Sargento Silva Nunes. Era uma loja que vendia uma grande variedade de artigos e, por esse motivo, era conhecida por todos como 'Armarinho'. A loja era a principal fonte de renda da família. Nessa ocasião, o meu conhecimento sobre a área onde vivíamos era ainda muito pequeno e as amizades que eu tinha eram as da escola e da igreja. Na então vida que eu levava não havia espaço nem tempo (tampouco meus pais permitiriam) para frequentar casas de vizinhos ou outros locais da comunidade. Até esse período, portanto, minha vivência na favela era marcada pela delimitação das fronteiras do lar e dos trajetos para escola e igreja, o que restringia meu mundo de vínculos afetivos e de experiências ao universo familiar e às instituições formadoras. Dessa maneira, minha realidade de moradora da favela era, em

---

3 O termo bairro, quando usado para a Maré, sempre aparecerá destacado em itálico, devido à contradição entre o uso oficial do termo e o reconhecimento social desse território como uma favela.

vários planos, muito distinta daquela da maioria dos outros moradores, em particular da dos adolescentes, que vivenciavam as ricas experiências propiciadas pelo espaço público e pela cultura popular na periferia. Eu tinha consciência dessa diferenciação e, por essa razão, sentia-me dominada por uma grande curiosidade sobre as experiências vivenciadas pelos meus vizinhos e amigos da escola. Mobilizava-me, em especial, a questão da violência, que já marcava o cotidiano dos moradores na realidade ou no imaginário que começava a se estruturar naquele momento. Morávamos em frente a um Destacamento de Policiamento Ostensivo (DPO), guarnição da Polícia Militar instalada em uma pequena construção da rua Principal para atuar na favela. Na época, via muitos rapazes — e até moças — serem presos e, às vezes, espancados. Eram muitos gritos e palavrões, que em algumas ocasiões não permitiam que dormíssemos. Contudo, naquele tempo, eu não entendia por que as pessoas eram presas, porque apanhavam, nem o motivo de tanto atrito e desrespeito entre polícia e morador.

Além disso, causava-me estranhamento e certa revolta perceber que faltavam em Nova Holanda serviços básicos como rede de água potável, esgoto sanitário e drenagem, bem como eletricidade, escolas, creches e áreas de lazer. Praticamente a única forma pela qual o Estado se fazia presente na região era através da ação violenta dos agentes policiais. No entanto, especificamente nesse plano da segurança pública, o que tínhamos era um serviço geralmente caracterizado pelas situações de abuso de poder, corrupção e violação de direitos dos moradores por parte daqueles representantes do Estado.

Ainda bem jovem, iniciei meu envolvimento em projetos coletivos. A princípio participando das ações organizadas pela Igreja Católica, depois por outras organizações comunitárias, como as associações de moradores e a Federação de Favelas do Rio de Janeiro, ou através de projetos de extensão ligados à Fundação Oswaldo Cruz. Essas práticas me permitiram ter um contato direto com as situações de extrema pobreza e com os problemas sociais inerentes à vida em Nova Holanda e em outras localidades semelhantes.

Em 1984, com 22 anos recém-completados, concorri à presidência da Associação de Moradores de Nova Holanda pela Chapa Rosa, cor que simbolizava o papel feminino no processo das lutas comunitárias e como figura dirigente nas reivindicações locais. Foi um processo eleitoral inesquecível: o primeiro com eleições diretas na comunidade, podendo o morador assumir uma condição de sujeito de sua própria história. Até então, a Fundação Leão XIII, órgão do Estado ligado à Secretaria de Ação Social, escolhia a diretoria da instituição.

A eleição foi marcada pela participação massiva dos moradores e pela esperança de que muitas transformações aconteceriam em seguida, pois as pessoas estavam mobilizadas e buscavam fazer valer os seus direitos por meio da ação coletiva. Nesse clima de esperança, fé e alegria, ganhamos o pleito com larga margem de votos em relação ao adversário.

Nos oito anos seguintes, fiz parte da Associação de Moradores, com uma atuação marcada pela continuidade da forte mobilização popular. O processo, inserido em um quadro de redemocratização do país e de maior abertura dos governos estaduais e municipais para as demandas populares, gerou a conquista de praticamente todos os serviços básicos com que hoje conta a Nova Holanda.

Já naquela época, a questão da violência e da regulação da ordem social da favela estava excluída do debate público nas organizações locais. Havia, no máximo, mobilizações ocasionais contra situações gritantes de violação de direitos do cidadão por parte das forças policiais.

Essa experiência de militância comunitária foi intensa e determinante na minha vida. Através dela pude compreender as complexas características do meu lugar, das favelas e da cidade como um todo. Nesse processo me vi, na metade da década de

1990, dedicada a uma nova forma de atuação na Maré, levando em conta não só a realidade e os problemas da Nova Holanda, mas de todo o conjunto das 15 favelas, e trabalhando com demandas que defino como de segunda e terceira gerações.[4]

Assim, em 1997, junto com um grupo de moradores e ex-moradores locais, participei da criação de uma organização social chamada, na ocasião, de Centro de Estudos e Ações Solidárias da Maré (CEASM). Como presidente da organização durante dez anos, foi possível desenvolver uma série de trabalhos voltados para a ampliação das possibilidades existenciais, especialmente dos adolescentes e jovens da Maré. Posteriormente, participei da construção de outra organização social cujo objetivo era atuar no conjunto da cidade, o Observatório de Favelas do Rio de Janeiro. Mas o desejo de construir uma forma de ação que gerasse mudanças nas estruturas institucionais da Maré continuava predominante em mim. Assim, em 2007, criamos a Redes de Desenvolvimento da Maré — Redes da Maré, que sucedeu o antigo Centro de Estudos e Ações Solidárias da Maré.

---

4 As demandas de primeira geração teriam como eixo a busca de acesso a serviços materiais básicos como os que estão circunscritos na oferta regular de água, energia, pavimentação, telefonia pública e equipamentos de educação e saúde. Na ocasião, aquelas demandas ainda orientavam, em grande medida, a agenda das ações e reivindicações da Associação de Moradores de Nova Holanda e de suas congêneres na Maré. As demandas de segunda geração, por sua vez, podem ser definidas como o acesso a serviços mais sofisticados, abrangentes e de melhor qualidade em campos como educação, cultura e bem-estar. Nesse caso, trata-se de ampliar o cardápio e melhorar a qualidade dos serviços e equipamentos públicos; aumentar os níveis de escolaridade até alcançar o ensino superior; garantir o acesso a línguas estrangeiras, à informática, aos cursos que permitam o acesso a empregos de maior qualidade técnica. Por fim, as demandas de terceira geração tratam de aspectos relacionados às subjetividades e identidades dos sujeitos, tais como o direito à diferença, em todas as suas dimensões, e a luta pelos direitos à dignidade, em todos os níveis. Nesse caso, questões vinculadas ao gênero, à etnia, à orientação sexual, à segurança, ao meio ambiente e, enfim, aos direitos humanos, lato sensu, definem essa nova agenda.

Nesse processo de intervenção na realidade local, começamos a nos deparar cada vez mais com a questão da violência. Os enfrentamentos entre os grupos de jovens dedicados ao tráfico de drogas e os policiais eram comuns no cotidiano e, por essa razão, havia a necessidade permanente de negociar com ambos os grupos — visando evitar conflitos que expusessem os estudantes e coibir ações arbitrárias, em especial por parte das forças policiais.

Em função disso, evidenciou-se para mim não ser mais possível considerar a melhoria da qualidade de vida dos moradores das favelas sem buscar construir novos olhares e proposições sobre o fenômeno da violência, que se tornou o principal problema dos grandes centros urbanos brasileiros; e, desde o final do século XX, em particular, para os moradores dos territórios favelados. Para alcançar esse objetivo, fazia-se necessário ampliar minha capacidade de compreensão da realidade social urbana e de intervenção para além do espaço da Maré. E, com esse propósito e desejo, construí o estudo que se materializa neste livro.

Uma questão preliminar na investigação proposta era entender como o conhecimento e a experiência, decorrentes de minha caminhada social e dos meus estudos, poderiam contribuir na produção de novas percepções e abordagens sobre o espaço social das favelas e sua população. Isso porque, havia tempos, chamava-me a atenção a escassez de trabalhos acadêmicos sobre o fenômeno em pauta que fossem realizados por pessoas com trajetórias semelhantes à minha.

Não quero, com essa afirmação, referendar juízos sectários e puristas, sustentados no pressuposto de que apenas os atores de origem popular, assim como outros grupos subalternos na ordem social vigente, poderiam falar ou escrever sobre suas práticas. Entendo, ao contrário, que é fundamental a pluralidade de olhares sobre as vivências e práticas produzidas no mundo social, em todos os níveis. Isso inclui, necessariamente, os intelectuais das periferias e favelas. Ainda temos, porém, no mundo acadêmico do Rio de Janeiro — a afirmação é extensiva a todo o Brasil — uma presença insuficiente do olhar-autor, olhar-sujeito, de atores desses espaços sociais, sobre o seu mundo e sobre o conjunto de sua realidade social.

No estudo realizado, faz-se evidente a tentativa de entrelaçar meus interesses acadêmicos e sociopolíticos. Nessa tensão, desenvolvo um trabalho marcado pela escolha — se é que com essa palavra, tão marcada pela dimensão racional, posso denominar algo tão visceral — em atuar como intelectual *insider* no espaço social popular, em particular na favela. Em outras palavras, este é o trabalho de uma pessoa que vivencia, analisa, influencia e é influenciada pelo território e pelo tema em estudo. Além disso, sou legitimada como autora pela trajetória de vida, pela inserção histórica na Maré e em função da experiência objetiva e direta com as práticas de violência e seus efeitos concretos na localidade, na cidade, na minha existência pessoal. Esse conjunto de vivências, reflexões e análises é o que o leitor encontrará neste livro que tem em mãos.

A partir do prisma da experiência pessoal, tentamos desenvolver várias reflexões trazidas pela análise do contexto das práticas dos policiais militares na Maré. Apontamos, neste trabalho, muitas questões que me parecem relevantes para dimensionar devidamente o fenômeno da violência e da segurança pública. Em primeiro lugar, um aspecto muito importante na elaboração deste estudo foi o contato com os policiais do batalhão na Maré e com os outros sujeitos da violência armada nas regiões territorializadas por grupos criminosos, ou seja, traficantes e milicianos.

Tive, assim, condições de lidar com esses três atores centrais da problemática da violência de outra forma, e compreender melhor o sentido de suas ações — o que não me leva, naturalmente, a justificá-las. No processo de entrevistas, tive também condições de compreender melhor as percepções dos entrevistados — fossem eles os moradores, os integrantes dos grupos armados ou os policiais —, o que permitiu uma maior "humanização" desses personagens e a desconstrução de uma figura demonizada, que se firmou em nosso imaginário de tanto ser colocada em circulação na mídia corporativa. Desse modo, foi possível apreender o caráter estruturante do problema da violência, o sofrimento de todos os envolvidos com o fenômeno e os limites presentes nas estratégias vigentes no campo da segurança pública.

FOTO: DOUGLAS LOPES

2

ENCONTROS COM O PODER DO TRÁFICO NA MARÉ: O “DESENROLO”

O dia exato se perdeu na memória, mas o ano ficou marcado: 2001. Certamente, levarei comigo as lembranças da experiência vivida nesse dia remoto, e que volta como se fosse ontem. Foi um marco no que se refere à capacidade de compreensão dos meus limites e da dimensão de fatores como medo e coragem na minha interação cotidiana. Era mais um daqueles dias em que chegava à Maré para trabalhar no projeto social no qual eu era uma das diretoras. Por volta das 16 horas, eu estava numa sala do terceiro andar do prédio da instituição, em meio a pilhas de papéis e documentos e aproveitava para relaxar um pouco no intervalo entre uma reunião e outra, com os integrantes dos projetos ali desenvolvidos.

A secretária me chamou pelo ramal interno, pedindo, com certa tensão na voz, para que eu descesse até a recepção, pois havia um rapaz querendo falar comigo e tinha de ser naquele momento. Um tanto contrariada, pois estava com um acúmulo enorme de trabalho, desci até a secretaria e me deparei com um jovem que tinha em uma das mãos um fuzil e na outra um telefone celular. Ao ver o rapaz em pé, na porta, pedi que entrasse para conversarmos, já que ficaria muito estranho se os jovens que estudavam ali vissem uma pessoa armada dentro da instituição. Ao chegarmos a uma sala mais reservada, perguntei o que ele gostaria de falar comigo. Ele estava um pouco agitado, demonstrando certo nervosismo, quando me disse:

— Olha, o amigo gostaria de falar com a senhora. Ele pediu que fechasse a instituição, avisasse que não vai ter mais aula hoje, e, quando for lá pelas 8 horas, a gente vem buscar a senhora aqui. A senhora não pode sair daqui enquanto nós não chegarmos, entendeu?

— Mas o que está acontecendo? — perguntei — O que eu posso ter feito de tão grave para fechar a instituição? Como os alunos vão receber isso? Quem é esse amigo? Como posso falar com ele para entender o que está acontecendo?

Nesse momento, ele ligou pelo rádio e, do outro lado, atendeu um homem que gritava muito, berrava palavrões e que mal me deixava falar. Perguntei o que estava acontecendo e ele, de maneira grosseira, respondeu que eu iria saber no nosso encontro um pouco mais tarde. Fez menção ao nome de outro diretor, querendo saber onde ele se encontrava. Respondi que estava na Maré naquele momento. Ele foi enfático ao dizer que eu não poderia sair do prédio e que esperasse alguém vir me buscar. Respondi que tudo bem, que ficaria ali até que chegassem para me buscar. Ao deixar o prédio, o jovem que havia ido dar o recado olhou para mim e disse:

— Fique calma que tudo vai ser esclarecido.

Na realidade, ele viu como fiquei nervosa por não entender o que estava se passando. Quando ele saiu, várias pessoas que se encontravam dentro do prédio, nas muitas atividades em curso naquele dia, se aproximaram para saber o que acontecera. Criou-se certo tumulto quando tive de esclarecer que não sabia o que poderia motivar aquela atitude da parte de integrantes do tráfico de drogas.

De qualquer forma, pedi à secretária para produzir um cartaz e colocar no portão do prédio, avisando que não haveria aulas no horário noturno, pois nos encontrávamos com problemas na rede elétrica. Liguei para os outros diretores, comuniquei o que acontecera e perguntei se alguém poderia intuir as razões do que estava ocorrendo, mas nenhum deles soube dizer: todos ficaram tão estupefatos quanto eu com a situação. Pedi que o diretor mencionado pelo traficante não fosse ao projeto, uma vez que poderia ser mais perigoso ainda o desenvolvimento de uma história sobre a qual, até então, não tínhamos nenhuma informação. Argumentei que sua presença poderia aumentar a ira dos traficantes e que seria mais fácil tratar a situação com menos pessoas envolvidas, para explicar o que ainda não se sabia.

O nervosismo era grande, pois todos sabíamos do significado do chamado 'desenrolo', termo usado nas favelas para as situações em que se tem de resolver algum conflito ou se é chamado para oferecer explicações aos chefes do tráfico. Muitas vezes, o resultado desses encontros é a morte. No nosso caso particular, além daquele risco concreto, havia também a possibilidade de que fossem tomadas medidas contra a entidade, que tinha suas bases e projetos dentro da Maré. Embora eu já tivesse conversado, em variadas situações, com integrantes do tráfico de drogas por conta de minha atuação na Maré, aquela situação era completamente diferente: parecia muito mais ameaçadora. Fiquei dominada pela tensão, numa espera que parecia não ter fim.

No horário combinado, chegou um rapaz me chamando, dizendo que encontraríamos o tal amigo em frente à XXXª Região Administrativa (R.A.), que fica entre as favelas Nova Maré e Baixa do Sapateiro. Quando o rapaz anunciou que eu teria de ir até lá caminhando com ele, um grupo de alunos, professores e diretores, que permaneceu na instituição, questionou a ordem, dizendo que eu não iria sozinha. Eles se colocaram próximos e começamos a caminhar, chamando a atenção de quem passava, pois éramos um grupo de pelo menos 15 pessoas.

Ao chegarmos à Praça do Dezoito, como é chamado aquele espaço em frente à R.A., uma moça que estava à nossa espera foi avisar que já nos encontrávamos no local combinado. Não demorou dez minutos e chegou um carro. Dentro, um rapaz gritou pelo meu nome pedindo que eu entrasse no veículo, mas as pessoas me seguraram pelo braço e disseram:

— Não, ela não vai sair daqui sozinha. O que está acontecendo? Quem quer falar com ela? Quem é esse amigo que vocês estão falando?

Foi aí que o jovem que me dera o recado, pela tarde, disse:

— Não se preocupem, o amigo só quer conversar com ela e tirar algumas dúvidas.

As pessoas que estavam comigo voltaram a dizer que eu não sairia dali sem outra pessoa do grupo. Sugeri, então, que tentassem falar por telefone com o tal amigo e perguntassem se outro diretor poderia ir junto. O pedido foi atendido e mais um diretor foi no carro para o tão esperado encontro.

Demos algumas voltas na favela Nova Maré, porque provavelmente desejavam nos desnortear quanto à localização do espaço onde ocorreria o encontro. Se me pedissem para refazer o caminho, eu não o saberia. O veículo parou em frente a uma casa, da qual tampouco me recordo com precisão e que provavelmente também não conseguiria reconhecer. Nova Maré é um conjunto habitacional construído pela Prefeitura e todas as casas são iguais; além de ter os endereços bem confusos, as ruas são contíguas e uma residência é colada a outra.

Na frente da casa havia muitos jovens armados. Saltamos do carro e, ao entrarmos, fiquei perplexa por perceber que a pessoa que queria me encontrar, na realidade, invadira a casa de um morador para ter a tal conversa comigo. Ao passarmos pela sala, fiquei envergonhada ao ver uma mulher amamentando uma criança, três filhos pequenos em torno dela e o marido assistindo à televisão. Subimos para o segundo andar, onde se localizavam os quartos. Lá estava o gerente do tráfico de uma das favelas da Maré que, ao ver o outro diretor, que o reconheceu, disse:

— A minha conversa é com ela, por favor, vá lá pra fora e espera eu terminar de falar com ela.

O diretor ficou muito nervoso naquele momento e tentou argumentar, perguntando o que eu fizera para ele não querer a presença de uma terceira pessoa. Ele tornou a ser enfático e pediu que saísse. Naquele momento, olhei para o diretor e disse:

— Pode ir, estou bem. O importante agora é sabermos o que está acontecendo.

Quando o diretor saiu, o traficante disse para eu me sentar numa das camas do quarto. Ele ficou em outra, de frente para mim. Então, pegou uma pasta cheia de recortes de jornais e planilhas com o timbre da Prefeitura, nos quais constavam orçamentos de alguns dos projetos que a instituição vinha desenvolvendo em parceria com associações de moradores da região e a Secretaria Municipal do Trabalho. Fiquei surpresa ao ver aqueles documentos em suas mãos. Ele começou a me indagar:

— Quanto vocês receberam da Prefeitura para fazer os projetos? Por que as associações de moradores não estão recebendo um valor que deveria ser repassado para eles? Por que vocês estão fazendo o projeto tal? De qual comunidade a senhora vem aqui da Maré? Por que veio atuar aqui na minha área?

Quem é esse diretor que deu essa declaração aqui nesse jornal? — Ele me fez umas cinco perguntas de uma só vez.

Comecei, então, respondendo qual era minha favela de origem na Maré. Disse, nesse caso, que pouco importava de onde eu vinha. Expliquei que qualquer uma das favelas da Maré passava pelos mesmos problemas e que trabalhávamos na instituição para os moradores em geral, sem distinção de localidade. Quanto ao outro diretor que ele gostaria de encontrar, informei quem era e o que fazia. Comentei sobre a declaração do jornal, que, na realidade, ele estava dando uma interpretação equivocada às palavras do referido diretor, pois não havia qualquer tipo de problema como ele havia mencionado. Nessa hora, ele se irritou e xingou ao falar o nome do diretor.

Com relação aos orçamentos dos projetos em desenvolvimento pela instituição, falei que se soubesse que queria prestação de contas de nosso trabalho, teria trazido o conjunto de documentos que comprovavam a utilização dos recursos recebidos. Disse ainda que estava admirada de ele ter tido acesso a documentos que diziam respeito à parceria de uma instituição da sociedade civil com um órgão do Estado.

Falei sem parar, já que ele perguntava e eu dava imediatamente as respostas. Ele me perguntou quais eram os valores previstos para alguns dos projetos que estávamos desenvolvendo. E eu respondia exatamente os valores correspondentes a cada um deles. Expliquei ainda por que promovíamos cada uma daquelas iniciativas. Falei dos projetos de educação que desenvolvíamos na Maré. Em certo momento, quando o tema era educação, ele me interrompeu e disse:

— A senhora pensa que estou nessa vida porque quero. Não, eu estou nessa porque não tive oportunidade de estudar.

— Nosso trabalho — respondi — é para que crianças e adolescentes da Maré não tenham que entrar numa vida errada, porque não tiveram oportunidade.

Ele, mais uma vez, foi incisivo:

— Tá vendo essa família ali embaixo? — disse, se referindo aos donos da casa — Pois essa é a realidade de quem vive aqui.

Mais uma vez, eu enfatizava que o trabalho que realizávamos na Maré era, justamente, para diminuir essa desigualdade para a qual ele apontava.

Naquele momento do diálogo, a reunião já durava mais de duas horas e meia e os assuntos começavam a se repetir. Percebi que o tom agressivo e arrogante do início da conversa foi sendo substituído por uma conversa de perguntas e respostas em um tom mais respeitoso e com certa compreensão de ambos os lados sobre o que ia sendo discutido. Olhei, então, para ele e disse:

— Olha, você me chamou aqui, fez muitas perguntas, questionou a maneira como trabalho na instituição, de onde venho e o que faço. Então, queria que você me dissesse, exatamente, o que deseja e qual a razão, de fato, de me fazer vir até aqui, dizer para fechar a instituição e interromper as atividades no dia de hoje. Você sabe que isso tudo é muito grave e que as pessoas estão lá fora preocupadas com o que pode me acontecer, estando com você aqui por tanto tempo. Por favor, me diga o que quer de verdade. Preciso que me fale, pois preciso entender o que quer para tomar minha decisão.

Ele se virou para mim e disse:

— A senhora é muito corajosa de falar assim comigo.

De pronto, respondi:

— Não estou desrespeitando você, mas tenho os meus princípios, minha maneira de ser e a única coisa que não quero nesse momento é te enganar sobre meus propósitos e sobre o que penso.

E ele:

— O que queria pedir é que a senhora tivesse mais compreensão com alguns dirigentes das organizações locais. Alguns deles me disseram que havia sido combinado um repasse mensal de trezentos reais, pois vocês estão desenvolvendo projetos de educação usando os espaços dessas instituições e já faz dez meses que esse dinheiro não é dado a eles. Mas vocês continuam fazendo os projetos nesses espaços.

Só então pude entender o que estava acontecendo e como os documentos haviam chegado às mãos do traficante. Em 2001, César Maia havia assumido o segundo mandato como prefeito do Rio de Janeiro e, em janeiro daquele ano, fizera um decreto suspendendo todos os contratos e convênios em vigor assinados pelo seu antecessor, Luiz Paulo Conde. O argumento que utilizou na época foi o de que iria rever cada uma das parcerias para, então, verificar a quais programas daria continuidade. Ocorre que já tinham se passado dez meses e os projetos assinados com a instituição que eu dirigia não tinham recebido nenhuma verba municipal. Por isso, não tínhamos como repassar a verba combinada para as instituições locais com as quais tínhamos parceria enquanto a Prefeitura não se pronunciasse a respeito dos convênios da Maré, o que só fez cerca de um mês depois daquele dia.

Expliquei todos esses fatos ao meu interlocutor e ainda disse que os dirigentes das organizações que o procuraram deveriam ter ido falar comigo, para entender por que seguíamos desenvolvendo, normalmente, os projetos. O que aconteceu foi que conversamos com os professores que ministravam as aulas e pedimos que esperassem o repasse da Prefeitura, para receberem o atrasado quando o projeto recebesse o financiamento, pois seria muito ruim para os alunos participantes dos projetos de alfabetização, ensino fundamental e médio ficarem sem aula por um período tão longo. Todos os professores concordaram com a proposta, pois aquela não era a principal atividade remunerada que tinham. Conseguimos, assim, honrar nosso compromisso com os alunos independentemente dos problemas na sucessão de poder no executivo municipal.

Ao terminar essa fala, ele voltou a ser enfático:

— A senhora tem que entender que precisa ajudar os amigos. Fulano está na cadeia e temos de enviar ajuda para ele daqui de fora. É preciso que todos nos ajudem.

Fiquei muito nervosa e alterei o tom da minha voz. Disse para ele, então:

— Olha, estou sendo muito franca com você. Quero saber se está, de fato, me pedindo que utilize parte dos recursos que recebemos para os projetos para um fim diferente daquele para o qual ele foi repassado, é isso que está me pedindo?

Ele disse:

— Não, é a senhora que está interpretando assim.

Disse que não poderia jamais fazer aquilo, pois era muito crítica com quem usava os recursos direcionados a projetos sociais de maneira indevida. Caso fosse esse o pedido dele, eu me desvincularia da organização que presidia na ocasião e ele não precisaria se preocupar, pois não faria qualquer tipo de denúncia a respeito do que ele havia me solicitado. Ele retrucou mais uma vez:

— Não estou pedindo que a senhora faça nada. Até porque, pensa bem, quantas pessoas são atendidas pela instituição?

— Em torno de 3 mil, entre crianças e adolescentes — respondi.

Ele disse, então:

— Pois é, multiplique cada uma dessas pessoas por cinco pelo menos; só aí tem 15 mil moradores. Pensa só quantas pessoas vão reclamar quando souberem que a senhora vai fechar o projeto. Eu não quero o mal da comunidade. Só queria pedir que a senhora desse uma atenção maior aos meus amigos dirigentes das organizações locais e que a gente pudesse acompanhar tudo que acontece.

Como já passava das 23 horas, falei para ele:

— Já está muito tarde, eu preciso ir. Já estamos há mais de três horas conversando. As pessoas que vieram comigo devem estar preocupadas e minha família deve estar pensando que aconteceu o pior. Posso ir, então?

Ele falou:

— Tudo bem, mas não esquece de tratar bem as pessoas que te falei.

Saí daquela casa em estado de choque. A minha vontade era de não falar com ninguém. Não saberia reproduzir, naquele momento, o que havia ouvido ou sentido. Parecia que eu estava saindo de um pesadelo. Quando encontrei o outro diretor que estava do lado de fora da casa à minha espera, não consegui dizer uma palavra. Voltamos até a Praça do Dezoito, onde estavam as outras pessoas que nos acompanharam, e elas falaram que já não sabiam mais o que fazer ou onde nos procurar. Alguns de nós fomos, então, para uma lanchonete na avenida Brasil e ali eu me esforcei para relatar o que tinha acontecido. Confesso que foi difícil reproduzir a conversa. Falei apenas superficialmente sobre determinadas precauções que deveríamos tomar dali em diante.

Minha chegada em casa foi mais um momento de tensão, pois tive de contar o que se passara e a preocupação de todos apenas aumentou diante do que eu dizia. Não consegui dormir, pensando no perigo pelo qual passara. Somente horas depois do ocorrido é que esse tipo de sentimento se abateu sobre mim. Fiquei paralisada, perplexa, confusa e hipersensível. Na realidade, passei a ter medo de fazer os caminhos que fazia naturalmente na Maré. Posso afirmar com certeza que até aquela experiência eu era uma pessoa; após aquele dia tinha me tornado outra.

Toda aquela situação havia mexido muito com os meus sentimentos. Decidi, então, iniciar uma psicoterapia de apoio, pois não me sentia à vontade para falar sobre o assunto com meus pares. Entendi que precisava do auxílio de profissionais. Foi isso o que me ajudou a lidar com a situação e a continuar atuando nessa área, defendendo e me posicionado a partir daquilo em que acredito.

Em relação à interferência das pessoas que dominavam o tráfico na área onde eu atuava diretamente — atualmente, todos aqueles personagens mudaram —, houve, inicialmente, uma tentativa de imposição de outras regras na instituição, com a participação de membros de fora do grupo que dirigia a organização. Fomos discutindo, ouvindo, e, com o tempo — justamente por haver uma grande alternância de poder nesses grupos —, convencemos a quem assumia que aquela história toda não passava de um grande mal-entendido e que sempre trabalhamos na Maré de maneira ética, cumprindo com os compromissos que assumíamos e só assinando compromissos que nossos valores nos permitiam cumprir.

No plano pessoal, também com o tempo, a forma de enfrentar os fantasmas da experiência do 'desenrolo' foi justamente afirmar a necessidade de tratar do tema da violência nas favelas e buscar contribuir, da forma que eu pudesse, para diminuí-la. Nesse sentido, em certa medida, este livro também é fruto daquela dor, dentre outras.

* * *

O ponto de partida para reflexão sobre o cotidiano da Maré foi minha vida e minhas escolhas. Fui me formando teórica, política e eticamente, a partir de referências críticas ao mundo social estabelecido: às suas hierarquias econômicas e sociais; ao peso da posse de bens econômicos, sociais e culturais como parâmetro de valoração das pessoas; às violências efetivadas contra as populações mais vulneráveis.

A reflexão sobre o cotidiano, todavia, remeteu-me a inúmeros entrelaçamentos: o local e o global; o particular e o humano-genérico; o imediato e o mediato; a consciência e a alienação; o filosófico e o não filosófico; o consumo e a produção etc.

No limite, conduziu-me à necessidade de melhor compreender o significado das ações, das práticas e das formas de produção e de ordenamento do mundo social, em especial a popular e as efetivadas na minha história. Afinal, o objetivo maior deste livro é interferir, em alguma medida, nas práticas efetivadas nos espaços populares, sejam as desenvolvidas pelo Estado — materializado nas forças policiais —, sejam as vivenciadas pelos moradores — em especial aquelas que podem ampliar as possibilidades de exercício da cidadania. Para isso, o desafio é saber valorizar a dimensão das ações cotidianas na construção do processo estrutural e histórico, compreendendo seus vínculos.

A vida cotidiana, como campo de estudo, ganhou peso na reflexão filosófica, histórica e antropológica a partir da segunda metade do século XX, embora Henri Lefebvre já se interessasse pelo tema desde o início da década de 1940.[5] O cotidiano adquire significado especial, inicialmente, para os pensadores marxistas críticos ao stalinismo.[6] Eles buscavam, através do trabalho como

---

5 Henri Lefebvre publicou o primeiro dos três volumes de *Critique de la vie cotidienne* em 1946. Cf. Lefebvre, 1991.

6 Embora Lefebvre faça parte dessa corrente, sua autora mais destacada, em termos de produção sobre o cotidiano, foi Agnes Heller. Ela foi um dos principais nomes da Escola

conceito, valorizar a ação humana dos indivíduos na prática diária e seu impacto na história global, assim como compreender os vínculos entre as ações efetivadas no dia a dia e a utopia. Para o filósofo francês, o cotidiano é o humilde e o sólido, aquilo que vai por si mesmo, aquilo cujas partes e fragmentos se encadeiam num emprego do tempo. É, portanto, aquilo que não tem data. É o insignificante (aparentemente); ele ocupa e preocupa, e, no entanto, não tem necessidade de ser dito. O cotidiano é o resíduo e o produto do conjunto social. Lugar de equilíbrio é também o lugar em que se manifestam os desequilíbrios ameaçadores. Quando as pessoas, numa sociedade assim analisada, não podem mais continuar a viver sua cotidianidade, nesse momento começa uma revolução, e só então. Enquanto puderem viver o cotidiano, as antigas relações se reconstituem.

Em sua análise do mundo cotidiano moderno, Lefebvre considera que o reino do cotidiano se estabeleceu a partir do momento em que o trabalho, na lógica capitalista de produção, degradou o estilo e a festa — o lazer. A obra, como materialização da originalidade e da capacidade produtiva do sujeito, perde espaço para um ato reprodutivo e alienado de consumo. Assim,

> Até o século XIX, até o capitalismo de concorrência, até o desdobramento desse 'mundo de mercadoria', não tinha chegado o reino da cotidianidade. Houve estilo no seio da miséria e da opressão (direta). Durante os períodos passados, houve obras mais que produtos. A obra quase desapareceu, substituída pelo produto (comercializado), enquanto a

---

de Budapeste — iniciativa criada por Georg Lukács que consistia em um grupo formado por teóricos marxistas húngaros dedicados à defesa do caráter emancipatório, ativo e histórico do marxismo, partindo, em particular, da obra do jovem Marx. Em seus textos da maturidade, Agnes Heller rompe com a corrente e rejeita algumas das obras nas quais utiliza categorias marxistas como matrizes.

> exploração substituía a opressão violenta. O estilo conferia um sentido aos mínimos objetos, aos atos e atividades, aos gestos, um sentido sensível e não abstrato (cultural) tirado diretamente de um simbolismo (Lefebvre, 1991, p. 45).

Nesse caso, conclui o autor, só seria possível pensar a revolução a partir da ruptura com o cotidiano e com a restituição da festa; no caso, no estabelecimento de uma relação do sujeito com a realidade, em que se afirma a sua condição de produtor original, e não simplesmente de reprodutor do espetáculo do consumo.

Em primeiro plano, a comunidade Nova Maré e, ao fundo, o Morro do Timbau. A imagem revela a geografia complexa do território, onde diferentes favelas se conectam e compartilham marcas da violência armada, mas também histórias de resistência.
FOTO: DOUGLAS LOPES

LTZ
2895

Imagem de uma rua da Vila dos Pinheiros, uma das 15 favelas da Maré, um dia após uma operação policial.
FOTO: DOUGLAS LOPES

[...] Quem sou eu para te cantar, favela,
que cantas em mim e para ninguém a noite inteira de sexta
e a noite inteira de sábado
e nos desconheces, como igualmente não te conhecemos?
Sei apenas do teu mau cheiro: baixou a mim, na viração,
direto, rápido, telegrama nasal
anunciando morte... melhor, tua vida.
Decoro teus nomes. Eles
jorram na enxurrada entre detritos
da grande chuva de janeiro de 1966
em noites e dias e pesadelos consecutivos.
[...] Sinto, de lembrar, essas feridas descascadas na perna esquerda
chamadas Portão Vermelho, Tucano, Morro do Nheco,
Sacopã, Cabritos, Guararapes, Barreira do Vasco,
Catacumba catacumbal tonitruante no passado,
e vem logo Urubus e vem logo Esqueleto,
Tabajaras estronda tambores de guerra,
Cantagalo e Pavão soberbos na miséria,
a suculenta Mangueira escorrendo caldo de samba,
Sacramento... Acorda, Caracol.
Atenção, Pretos Forros! [...]

CARLOS DRUMMOND DE ANDRADE, "FAVELÁRIO NACIONAL"

Maré: o tempo cotidiano da construção

O *bairro* Maré é uma expressão concreta dos limites das representações tradicionais sobre as favelas e da necessidade de se construir novas interpretações sobre esses complexos territórios, agora levando em conta sua pluralidade, bem como a riqueza da vida cotidiana e de sua estrutura material. Solidariedade, alegria, festa, violência, desordem, carência e criminalidade são termos usuais quando se trata de representar o cotidiano da favela, de acordo com o grupo social, perspectiva ideológica e/ou o local da moradia que está no lugar a partir do qual se elabora o discurso de representação. Elementos que se apresentam de forma diferenciada, nas diversas favelas e territórios da cidade. E na Maré não é diferente.

A Maré é um conjunto de 15 favelas onde vivem cerca de 140 mil pessoas, distribuídas ao longo do trecho que vai do Caju até Ramos, pela avenida Brasil, via de circulação que une o Centro e as áreas periféricas da Zona Oeste da cidade do Rio de Janeiro. Sua formação remonta a um longo processo de mudanças urbanas que atingiu a cidade, especialmente na segunda metade do século XX. Essas transformações aconteceram basicamente por causa do incremento da atividade industrial na cidade e da realização de grandes obras de infraestrutura, o que teve como consequência a chegada de muitos nordestinos em busca de trabalho e de melhores condições de vida. A construção da avenida Brasil, a maior via em extensão do município, a partir de 1939, foi um dos fatores determinantes para o surgimento da Maré. Muitos operários que trabalharam na obra da avenida terminaram se fixando em seus arredores após sua inauguração, em 1946.

Até o início dos anos 1980, a Maré reunia seis favelas: Parque Maré, Baixa do Sapateiro, Morro do Timbau (constituídas ainda na década de 1940), Parque Rubens Vaz e Parque União (década de 1950) e Nova Holanda (criada pelo poder público no início da década de 1960). A partir da implantação do Projeto Rio, em 1979, a região sofreu uma profunda transformação.

Desenvolvida na fase final da ditadura militar, a iniciativa de intervenção urbana previa a remoção de algumas favelas, a transferência da população para conjuntos habitacionais construídos pelo governo e a urbanização das comunidades remanescentes, além do saneamento da região em torno da Baía de Guanabara. O alto grau de autoritarismo na definição e implantação das ações gerou intensas críticas e grande resistência por parte de grupos comunitários locais, o que fez com que a intenção de remoção fosse abandonada e incorporada a principal proposta das representações populares: a erradicação apenas das palafitas (barracos de madeira suspensos sobre a água), que margeavam as favelas, com a transferência da população para outras comunidades da região.

As palafitas da Maré foram, durante um período característico da formação das favelas da região, uma marca emblemática da situação de pobreza e das péssimas condições de vida a que era submetida uma parcela significativa da população da Maré.

Os versos da música "Alagados", da banda Paralamas do Sucesso, representaram o cenário dessa época, dando uma ideia do drama vivido por uma população que, aqui ou em outras partes do Brasil e do 'planeta favela',[7] tal como o definiu Mike Davis, tinha de conviver com a ausência do Estado e com a negação de todos os seus direitos básicos, como água potável, esgotamento sanitário, rede pluvial, habitação em condições dignas.

---

7 Cf. Davis, M. (2006).

Todo dia o sol da manhã
Vem e lhes desafia
Traz do sonho pro mundo
Quem já não o queria
Palafitas, trapiches, farrapos
Filhos da mesma agonia
E a cidade que tem braços abertos
Num cartão postal
Com os punhos fechados na vida real
Lhe nega oportunidades
Mostra a face dura do mal.
Alagados, Trenchtown, Favela da Maré
A esperança não vem do mar
Vem das antenas de TV
A arte de viver da fé
Só não se sabe fé em quê
A arte de viver da fé
Só não se sabe fé em quê.[8]

Com a retirada das palafitas, no início dos anos 1980, os moradores foram transferidos para novas habitações que formaram a Vila do João, a Vila dos Pinheiros, o Conjunto Esperança e o Conjunto Pinheiros, com a região da Maré passando a ter dez favelas.

No período da implantação do Projeto Rio, havia na Maré uma articulação de moradores independentes das seis favelas, críticos à atuação das diretorias tradicionais das associações de moradores locais, que eram vistas como coniventes com os setores

---

8 "Alagados" é uma canção escrita por Bi Ribeiro, João Barone e Herbert Vianna, os três membros do grupo Os Paralamas do Sucesso, para *Selvagem?*, terceiro álbum da banda que foi lançado originalmente em 1986 pela EMI Records.

governamentais, recebendo vantagens específicas para apoiar as iniciativas oficiais. Essas iniciativas, em geral, eram centradas na percepção das favelas como um problema a ser eliminado e concebiam seus moradores como indivíduos despreparados para o exercício da cidadania. Nesse sentido, as ações propostas normalmente desconsideravam a participação e o interesse real dos moradores.

Em 1988, foi criada a XXXª Região Administrativa, que incluiu como área de abrangência as localidades da margem direita da avenida Brasil. Nesse caso, a Maré tornou-se um espaço constituído por áreas anteriormente circunscritas aos bairros de Manguinhos, Bonsucesso, Ramos e Penha. Assim, além das dez favelas já mencionadas, passaram a fazer oficialmente parte do complexo as favelas de Marcílio Dias, anteriormente localizada na Penha, Praia de Ramos e Roquete Pinto, antes pertencentes ao bairro de Ramos.

No início dos anos 1990, mais duas localidades foram erguidas na região pela Secretaria de Habitação do Município, através do projeto 'Morar sem Risco'. Surgiram, então, a Nova Maré e o Conjunto Bento Ribeiro Dantas — chamado de Casinhas pelos seus moradores. Foram transferidos para os novos conjuntos populações removidas de áreas consideradas de risco (como encostas), moradores de ruas e famílias que residiam em palafitas em Roquete Pinto, as últimas desse tipo a serem eliminadas da Maré.

Em 1994, o então prefeito César Maia criou, formalmente, por meio de decreto, o *bairro* Maré. A ideia era o reconhecimento pelo poder público de que a região da Maré estava urbanizada, já possuía equipamentos e serviços públicos, como qualquer outro bairro da cidade. Essa formalização, feita de cima para baixo — como protestou em entrevista uma moradora de Marcílio Dias —, gerou uma situação de estranhamento para uma parte significativa dos moradores da Maré: eles não perceberam, em suas vidas cotidianas, mudanças do ponto de vista do que seria a representação de seu território de moradia agora identificado como bairro:

> Eu não me considero moradora da Maré, não. A minha comunidade é Marcílio Dias. Todas as minhas coisas eu resolvo na Penha, do outro lado da avenida Brasil. Por que agora eu vou ter de ir a Maré, se é tão longe para nós daqui?
>
> DONA ANTONIA, 2009

Em 2000, um último conjunto habitacional foi construído na Maré, o Salsa e Merengue. Como de regra, populações que não residiam na região foram transferidas para o local. Com a inauguração, a área da Maré passou a reunir 15 favelas que, até o momento, caracteriza formalmente o *bairro* Maré. Todavia, o processo de crescimento permanece: aglomerados como Nova Esperança, Kinder Ovo, Sem Terra e Mandacaru foram criados mais recentemente, agrupados a outras favelas, que se mantêm em expansão na região. O processo de constituição das favelas da Maré revela um dado impressionante: das 15 localidades, nove foram construídas pelo Estado — Ramos e Nova Holanda; os conjuntos habitacionais Vila do João, Pinheiros, Esperança, Vila Pinheiros, Bento Ribeiro Dantas, Nova Maré e Salsa e Merengue. Outra localidade que nasceu organizada, o Parque União, surgiu de uma iniciativa de um grupo de militantes do Partido Comunista, no início da década de 1950. Eles organizaram a área e venderam lotes a preços módicos. As outras ocupações tiveram, de modo geral, um caráter mais espontâneo. O fato é o mais revelador do fracasso da política habitacional de sucessivos governos cariocas que tiveram como política central a erradicação das favelas. O que ocorreu, ao contrário disso, foi a transformação dos chamados conjuntos habitacionais em favelas, pelo menos em termos de representação e reconhecimento social. Essa, contudo, não é uma característica exclusiva da Maré. De fato, Cidade de Deus, Vila Kennedy, Vila

Aliança, Quitungo e Guaporé, os primeiros empreendimentos construídos como conjuntos habitacionais durante a década de 1960 e início dos anos 1970, são todos considerados espaços favelados.

Com um quadro populacional que a caracterizaria como uma cidade média do Brasil, a Maré passou a receber, ao longo dos anos, variados equipamentos e serviços públicos: boa oferta de energia e de água, varredura de ruas e esgotamento sanitário instalado, calçamento em todas as ruas, serviço de telefonia universalizado (inclusive com Velox[9]), 16 escolas de ensino fundamental e duas de ensino médio, cinco creches, sete postos de saúde, um posto de atendimento da Companhia de Limpeza Urbana (Comlurb), um da Companhia de Águas e Esgoto (Cedae), a XXXª Região Administrativa, um Centro Estadual de Defesa da Cidadania (CCDC), uma Lona Cultural, uma Unidade de Pronto Atendimento (UPA), dois postos simplificados da Fundação Leão XIII e a Vila Olímpica da Maré.[10]

Embora conte com uma oferta significativa de equipamentos urbanos diversos, a Maré ainda carece de escolas de ensino médio — as duas existentes não dão conta da demanda — e de equipamentos culturais públicos. A existência de serviços públicos na Maré explica-se, historicamente, pelos investimentos feitos no âmbito do Projeto Rio, no final da década de 1970, e pela forte

---

9 Sistema para internet de banda larga da companhia telefônica Oi, a principal do Rio de Janeiro.

10 Em 2025, as 15 favelas da Maré contam com 49 escolas públicas [45 municipais e quatro estaduais]; no campo do atendimento à saúde, há três Centros Municipais de Saúde [CMS], quatro Clínicas de Saúde da Família e uma Unidade de Pronto Atendimento [UPA] na Vila do João; existe uma Divisão da Companhia de Limpeza Urbana [Comlurb] e um posto de atendimento da Águas do Rio, ambos na Nova Holanda; a antiga Lona Cultural agora chama-se Areninha Cultural Herbert Vianna, onde funciona também a Biblioteca Municipal Jorge Amado; e a 30ª Região Administrativa serve a todo o bairro.

articulação do movimento comunitário local, que conseguiu criar uma razoável ação integrada a partir dos anos 1980.

Independentemente de corresponderem ou não às necessidades do contingente populacional local, a existência desses equipamentos públicos demonstra que houve um investimento estatal significativo para garantir o acesso a serviços básicos por parte dos moradores. O fato contribui para romper com a representação generalizada de uma ausência absoluta do Estado nas favelas cariocas, bem como com a representação estereotipada da favela como "espaço da falta" (Silva e Barbosa, 2005). Desde o processo de democratização do país, as diferenças de tratamento entre as favelas e os bairros formais passam por outros aspectos que não estão necessariamente ligados à oferta de determinados serviços, especialmente os sociais.

A simples existência dos serviços e equipamentos públicos não garante, entretanto, o atendimento adequado da população: na Maré, em geral, serviços como os de esgotamento sanitário, varredura de ruas e coleta de lixo se caracterizam pela precariedade na sua manutenção e/ou qualidade do serviço. No caso de espaços como as praças, as unidades escolares, a Vila Olímpica e a Lona Cultural, as condições de manutenção e de modernização são descontínuas — o que ocasionou, em 2009, a interdição do equipamento cultural, por exemplo. No caso de espaços institucionais como a Região Administrativa e o Centro Comunitário de Defesa da Cidadania, podemos dizer que eles deixam muito a desejar em relação aos seus propósitos institucionais — em particular por seus dirigentes não possuírem perfil técnico e serem indicados em função da vinculação eleitoral com os governantes de turno.

Há, entretanto, um fato curioso que se observa nas localidades: o reconhecimento por parte dos moradores de que, apesar de terem vários serviços públicos funcionando na região, essa presença não gerou uma melhora expressiva da qualidade de vida na Maré, tampouco a diminuição da representação negativa sobre quem lá reside. Certamente, é essa uma das razões do morador da Maré não ter incorporado a ideia e o *status* de bairro para a região, como sinalizou em entrevista um morador da Baixa do Sapateiro:

> Eu moro há trinta anos na Baixa do Sapateiro. Aqui, eu criei meus três filhos. Vi muita coisa mudar e a luta foi bem grande, para ter tudo que temos aqui. Não digo que moro na Maré e, sim, na Baixa do Sapateiro, em Bonsucesso. Isso aqui continua uma favela, apesar de ter tido muita melhoria. Mas eu acho que a vida aqui, antes de muita coisa que temos agora, era melhor, pois não tinha essa violência e os moradores podiam ficar à vontade na rua.
>
> **SR. MANOEL, 2008**

Na página ao lado, jovens num momento de lazer no Morro do Timbau, a única favela da Maré que não é plana e de onde se vê parte da Zona Norte do Rio de Janeiro.
FOTO: DOUGLAS LOPES

O tempo cotidiano

No dia a dia da Maré, elementos fortes são percebidos imediatamente: o cheiro forte nas vielas em função do sistema de esgoto precário; a música permanente, principalmente funk ou forró; as ruas principais ocupadas por barracas, que vendem os mais diversos produtos; a grande variedade de lojas, na maior parte das vezes de médio e pequeno porte, destacando-se os muitos espaços de venda de bebidas alcoólicas; a grande frota de veículos, especialmente motos, bicicletas e vans, que disputam as ruas com uma multidão de pessoas de todas as idades, principalmente crianças, adolescentes e mulheres — presenças permanentes nas ruas, em todos os horários e dias, com destaque para as noites e os fins de semana.

A forte presença das pessoas nas ruas é o elemento que mais impacta aqueles que vão pela primeira vez a uma favela como a Maré; à noite, enquanto as ruas dos bairros de classe média estão vazias, com seus moradores trancados em suas casas e seus apartamentos repletos de grades, a favela está com o comércio aberto, os bares pulsando, cheios de vida.

A alta circulação nas ruas não se explica pelo que poderia parecer à primeira vista: nas casas residiria uma quantidade de pessoas muito superior a sua capacidade e isso as tornaria inabitáveis. Efetivamente, a densidade média de habitantes por domicílio na Maré (3,45 pessoas por domicílio) está próxima à média da cidade. Fatores como a má qualidade das habitações e o fato de os cômodos serem muito pequenos justificam mais, em termos físicos, a opção pelas ruas. Outros fatores sociais também influenciam a intensa circulação coletiva: a alta taxa de desemprego, em especial dos jovens — um grande número desses também não estuda; a pequena circulação de moradores em outros espaços da cidade e a concentração de suas atividades de lazer e de consumo na própria favela, entre outros.

A sensualidade é um componente muito presente no processo, em especial na Nova Holanda, comunidade onde a população negra de origem carioca e os descendentes dos migrantes nordestinos, geralmente pardos, partilham o espaço. Desde muito novas, as meninas usam roupas curtas e provocantes, começando, de modo geral, a vida sexual precocemente, o que também leva muitas à gravidez precoce.

A busca por lazer se faz muito presente entre a população local, principalmente entre os jovens. Assim, a oferta de *lan houses*, bares, festas de ruas e locadoras de filmes é expressiva.

A proibição dos bailes funk, a partir da segunda metade da década de 1990, gerou um grave impacto na favela da Maré: em primeiro lugar, a decisão destruiu uma atividade econômica que gerava empregos, renda e prestígio social para milhares de jovens das favelas e periferias. Além disso, a criminalização do gênero musical fez com que principalmente os grupos ligados ao tráfico de drogas dominassem os bailes. Esse processo contribuiu para o fortalecimento do proibidão — gênero da música funk dominado por letras que fazem apologia ao tráfico de drogas —, para o aumento da discriminação dos jovens adeptos do estilo, para o aumento das situações de violência e de confronto entre os traficantes e a polícia — que tenta proibir o baile —, além de dificultar a prática cotidiana de uma importante atividade de lazer dos moradores das favelas.

Os grupos sociais na Maré são plurais e não estabelecem uma relação direta entre si. Aqueles que frequentam as muitas igrejas locais, tanto evangélicas como católicas, normalmente não se envolvem nas atividades da escola de samba ou nos bailes funk, embora possam ter envolvidos até mesmo membros da família. Espaços de cultos afro-brasileiros foram praticamente extintos na Maré, assim como se tornou muito rara a parcela da população que se apresenta como seguidora dessas denominações religiosas. Isso ocorreu, em grande medida, devido ao grau de adensamento das habitações, o que dificultava a manutenção das práticas dos rituais — que muitas vezes atravessavam a noite. Essa razão, somada à pressão das igrejas neopentecostais, que definiram aqueles cultos como os inimigos a serem eliminados, fez com que muitos barracos fossem transferidos para as periferias do Grande Rio.

Os jovens e adultos que consomem drogas de forma ostensiva são claramente identificados como "maconheiros" e considerados envolvidos com o tráfico de drogas, mesmo que não tenham uma atuação direta no comércio ilícito. Do mesmo modo, é pequeno, em termos relativos, o número de pessoas que se envolvem nas atividades promovidas pelas organizações comunitárias ou pelas ONGs, embora esse número seja expressivo em termos absolutos.

A maioria das pessoas da favela ocupa o tempo livre bebendo cerveja, jogando futebol ou fazendo churrasco com familiares e amigos. Também já foi mais comum, principalmente nos fins de semana, o envolvimento com a quase permanente tarefa de autoconstrução do imóvel. Nesse caso, o ritual de bater laje — reunir os familiares e amigos para colocar a cobertura da casa, concluindo com um almoço festivo — sempre foi uma tradição muito valorizada, mas que aos poucos vai se perdendo. Isso porque a maioria das casas da Maré já é de alvenaria e atingiu o nível máximo de andares (quatro) que é considerado seguro para as condições do terreno da região, normalmente áreas que eram dominadas por manguezais.

A legitimidade dos grupos sociais e das instituições locais vai para além dos vínculos diretos, de familiares ou amigos. Ela se faz presente na regulação, por exemplo, da propriedade e venda dos imóveis. A maioria dos moradores da Maré, como os das favelas cariocas, tem a posse de seu imóvel, não tendo uma escritura definitiva. O fato não impede a existência de um forte mercado imobiliário, e em permanente expansão nos últimos anos, de compra, venda e aluguel de imóveis.

Em 1990, comprei um imóvel na Maré: uma senhora havia acabado de falecer e a compra foi feita de seu filho, o único herdeiro. Fomos à Associação de Moradores, registramos a compra e pagamos um valor, que é fixo, pela transação. Além disso, fizemos uma declaração de compra e venda, registramos as firmas de ambos no cartório e a transação estava plenamente realizada — menos de um mês depois do falecimento da proprietária original. Na hora em que vendi o imóvel, o mesmo foi feito. Cabe salientar que não conhecia a pessoa que me vendeu nem a que posteriormente comprou-me o imóvel.

A valorização imobiliária de favelas como a Maré, do mesmo modo que a Rocinha — tradicionalmente mais presente na mídia —, decorre da diminuição de espaços para ocupação popular nas áreas centrais da cidade do Rio de Janeiro. Assim, as favelas mais consolidadas passam por um intenso processo de verticalização, construção de novos empreendimentos e de acelerado crescimento das atividades econômicas, atraindo inclusive muitos empreendedores e novos moradores externos à favela.

As obras, geralmente de autoconstrução, são feitas à revelia das determinações dos órgãos públicos responsáveis pela regulação das construções urbanas na cidade. Quase sempre não há licenças para a construção ou reforma, assim como não há engenheiros ou arquitetos responsáveis. As construções não costumam dar problemas em função da experiência acumulada pelos pedreiros e mestres de obra responsáveis.

A forte presença das favelas na cidade, o grau de intolerância crescente dos moradores dos bairros nobres com esses territórios e o estabelecimento, desde 1993, de gestões na prefeitura da cidade dominadas por uma lógica autoritária de ordenação do espaço público carioca colocam em foco dois temas polêmicos no âmbito da vivência cotidiana dos moradores das favelas: a ocupação do espaço público de forma privada e o (não) pagamento de serviços como água, esgoto, IPTU e energia.

No caso da ocupação do espaço público, a prática é geralmente autorizada pelo chefe do tráfico ou da milícia, ou efetivada por membros do próprio grupo. A ocupação das calçadas para atividades comerciais ou pelos moradores dos imóveis é um elemento fundamental para a ausência de ordenação do território favelado. A Região Administrativa não consegue ordenar, por sua conta, esse crescente processo de privatização do espaço. A regulação desse processo é um dos grandes anseios da população, mas normalmente ela não tem a quem recorrer. Em função da ocupação das calçadas, as pessoas costumam andar nas ruas, disputando espaço com carros e motos. Do mesmo modo, é comum a ocupação de praças ou espaços similares por trailers para a venda de produtos diversos. O argumento básico dos grupos locais é garantir o direito ao trabalho do morador que toma essa iniciativa, mas o prejuízo para a circulação dos pedestres, para o uso das áreas de lazer e para a expansão de novos equipamentos públicos é imenso.

O uso indevido dos serviços de água, esgoto e energia e o não pagamento de impostos municipais são duas das mais arraigadas práticas dos moradores da Maré e da maioria dos moradores das favelas do Rio de Janeiro, embora também ocorra em bairros nobres. O problema se iniciou em função da inexistência, durante muitas décadas, desses serviços e impostos nas favelas. Assim, os moradores aprenderam a utilizar serviços de terceiros, e nem sempre pagavam por esse serviço. A Companhia Estadual de Água e Esgotos (Cedae) adota, por sua vez, desde o governo Brizola, uma política ambígua em relação ao fornecimento de seus produtos: nas últimas duas décadas, passou a fornecer água e, em menor medida, esgoto à maior parte das favelas cariocas, a partir de diversos programas de implantação dos serviços. Todavia não estabeleceu um sistema de cobrança por isso, nem mesmo uma tarifa social que garantisse a manutenção do sistema. A Cedae, no caso da Maré pelo menos, não tinha nem mesmo o cadastro da maioria dos domicílios, o que mudou desde 2011, com a chegada de uma iniciativa de cadastro e anúncio de futura cobrança. A ausência de cobrança gera um processo de precarização crescente na oferta dos serviços, em especial de esgotamento sanitário. A empresa alega que não pode fazer os devidos investimentos nos serviços, pois não recebe por eles, piorando ainda mais a situação.

No caso da energia, a Light, na década de 1980, quando ainda era uma empresa pública, construiu uma política ousada de instalação de postes e medidores de energia nas favelas, até hoje mantidos. A avaliação era de que, se não fizesse isso, os moradores o fariam por sua conta e risco. Com isso, seu padrão de perdas não é tão abrangente quanto o da Cedae, embora seja muito expressivo o furto de energia, chamado de gato no Rio de Janeiro.

No final dos anos 1990, a Light fez uma parceria com uma instituição da Maré para reduzir a inadimplência e as ligações irregulares na favela. Primeiro, a empresa investiu fortemente na melhoria do serviço, anistiou débitos anteriores e retirou os gatos existentes sem cobrança de multas ou processos. Em poucos meses, um levantamento feito pela equipe do projeto constatou que quase 90% dos moradores tinha uma relação estável com a empresa e eram adimplentes. O programa foi ampliado para outras favelas e cidades da região metropolitana, através da parceria com outras organizações sociais. Com a mudança de gestão, a empresa abandonou a estratégia de parceria com a sociedade civil.

Uma situação distinta diz respeito à ligação clandestina de televisão por assinatura — a gatonet. Apesar da obrigatoriedade da empresa concessionária do serviço de TV a cabo de realizar o cabeamento, tornando o serviço acessível ao conjunto da população da cidade, isso não foi feito nos bairros mais pobres e nas favelas. Diante da prática discriminatória, os moradores, que em sua maioria não têm condições de pagar o serviço via satélite, tiveram acesso a ele através da ligação clandestina.

No final da década de 1990, procurei, na condição de membro de uma organização social, uma empresa que monopolizava os serviços de TV a cabo no Rio de Janeiro para propor uma parceria a fim de ofertar o serviço a preços acessíveis aos moradores da

Maré. A empresa ignorou a proposta, afirmando não ter interesse naquela faixa de público, considerado das classes D e E. Diante do argumento de que os moradores buscariam ter acesso ao serviço de uma maneira ilegal, o representante da empresa disse então que a polícia impediria isso. Ora, a partir da ação da milícia em Rio das Pedras, o serviço de ligações clandestinas espalhou-se; e, poucos anos depois, alastrou-se também por grande parte das favelas e da periferia carioca, ironicamente sob controle daquele grupo criminoso, dirigido geralmente por integrantes corruptos das forças policiais.

No caso do IPTU, a prefeitura passou a enviá-lo para as residências da Maré no início dos anos 1990, mas a maioria dos moradores não recebe esses carnês de pagamento. Muitos moradores das favelas justificam o não pagamento de tarifas, como a de energia, e impostos, como o IPTU, em função de uma pretensa ausência de atendimento do Estado às necessidades cotidianas. Outros, que são minoria, utilizam um argumento eticamente duvidoso: 'favela é favela, asfalto é asfalto', sinalizando que as regras são distintas e, nesse caso, as responsabilidades também o seriam. Em geral, o que justifica a prática é o sentimento de impunidade.

Várias organizações comunitárias, por sua vez, argumentam não ser possível que os moradores exijam ser respeitados como cidadãos e, ao mesmo tempo, não cumpram com os deveres inerentes à vida cidadã no momento de pagar impostos e taxas. Elas, todavia, reconhecem as dificuldades de os moradores realizarem os pagamentos dos impostos que recaem sobre o cidadão de uma cidade como o Rio de Janeiro. A obrigatoriedade de seu pagamento, em condições normais, poderia gerar um processo real de retirada dessas populações dos espaços mais centrais da cidade. O pagamento de taxas e impostos nas favelas é uma questão profundamente controversa e demanda uma postura criativa e propositiva do Estado e das concessionárias para se chegar a uma solução que seja adequada a todas as partes. Desse modo, as entidades defendem a necessidade de se construir uma estratégia de oferta desses serviços que leve em conta a realidade econômica dos moradores e garanta o pagamento às empresas e aos órgãos estatais — seriam as taxas e tarifas sociais, de menor valor, para manutenção dos serviços oferecidos. Assim, os residentes nas favelas e outros espaços populares teriam o direito de cobrar por um serviço de melhor qualidade e serem incorporados de forma mais integral ao conjunto da cidade.

FOTO: KAMILA CAMILLO

3

DECIFRANDO A VIOLÊNCIA NOS ESPAÇOS POPULARES

Na vida, há alguns episódios que ficam marcados na alma; eles permitem o estabelecimento de uma reflexão sobre os valores, sobre o próprio sentido do existir. O que narro a seguir foi um deles: no cotidiano da favela, não é estranho ver alguém sofrer um castigo porque deixou de cumprir com alguma obrigação acordada com o grupo criminoso que domina a favela.

O ocorrido parecia uma brincadeira, mas era um drama; o que tinha de mais impactante era o fato de estar despido de dramaticidade, de catarse — pelo menos para nós, moradores da comunidade.

Era uma quarta-feira do mês de junho de 2003. Dirigíamo-nos, eu e uma amiga, que, assim como eu, também trabalhava na Maré, para o Bar da Galega, uma pensão que serve refeições na comunidade. Enquanto comíamos, percebemos um silêncio enorme e repentino que nos chamou imediatamente a atenção, já que uma das características da favela é um enorme barulho causado pelas músicas altas vindas dos bares e das casas, assim como dos carros com seus alto-falantes anunciando os mais variados serviços. Ao olharmos para fora, fomos surpreendidas por um grupo de jovens com armas em punho, que passavam na rua, à nossa frente, empurrando um carrinho de madeira, tipo um carro de feira, onde levavam um jovem amarrado. Era visível o alto grau de excitação dos jovens e adolescentes envolvidos com a cena. O fato chamava atenção e muitos moradores saíram às suas portas e janelas para assistir, como um desfile de Carnaval ou cívico, na rua principal da favela.

Ao ver aquele tumulto que se formava em torno do grupo, a fim de identificar quem estaria sendo levada no carro de feira, minha amiga me perguntou, em tom de espanto, o que acontecia naquele momento. Respondi de pronto:

— O adolescente amarrado será assassinado. Provavelmente, deixou de prestar contas de alguma coisa na 'boca de fumo' ou roubou aqui na favela.

Minha amiga, a essa altura já assustada, arregalando os olhos, disse:

— Eliana, sobre o que você está falando? Como você pode me dizer com tanta naturalidade que alguém está sendo levado para ser assassinado dessa maneira? Em qual século e sociedade nós estamos?

Ao ver sua reação, entendi que apenas ela não sabia o que aconteceria ali naquele momento. Ela era o Outro, a diferente. Diante da indagação de seu rosto, pensei no quanto ela tinha razão e como era espantoso que fatos como aquele pudessem ser 'aceitos' como parte de uma determinada realidade. Senti, então, uma tristeza enorme, por entender claramente o que ela apontava. Percebi, de maneira profunda, os efeitos da banalidade da violência em mim e nas pessoas com quem há tanto tempo vivo e como essa visão estava impregnada em muitas das relações ali estabelecidas.

* * *

O tema violência pode ser tratado de variadas maneiras e múltiplas definições: alguns autores e organizações valorizam a dimensão física do ato de agressão, outros sobressaltam o viés psicológico e/ou simbólico etc. No caso deste livro, avaliando a temática desenvolvida e os sujeitos considerados, optei por uma definição genérica e sintética, adaptada de Silva e Silva (2005), de violência: todo ato que viola a dignidade do ser humano, em especial, e de outros seres vivos. Poderia utilizar a palavra direito, em vez de dignidade, mas considero o sentido da última mais preciso e abrangente. Através dela, é possível apreender a violência em sua manifestação física, psicológica e simbólica, da mesma forma que é possível reconhecer as agressões contra o meio ambiente e outros seres vivos como uma agressão ampliada à humanidade.

O fenômeno da violência, em suas manifestações físicas ou psicológicas, não é difícil de ser definido e entendido. O mesmo não ocorre quando se trata das manifestações simbólicas: estigmatizações, preconceitos, discriminações de ordens diversas, estereotipias etc. Com efeito, não há um consenso sobre a caracterização da violência, em suas formas mais sutis ou mais naturalizadas — nesse caso, pode-se incluir a existência da pobreza e desigualdade extrema, o pagamento de salários muito baixos a determinadas categorias de trabalhadores, a ausência de direitos integrais para empregados domésticos, o progresso desmedido que aniquila a natureza, a forma de tratamento aos espaços populares e seus moradores etc.

Se não há consenso sobre o que caracterizaria o conjunto de situações de violência nas relações sociais, a divergência é ainda maior no que diz respeito ao grau de tolerância com as suas manifestações. Há um grau de tolerância maior ou menor com a violência conforme seus alvos, e não com o ato violento em si. Assim, considerando as hierarquias sociais, é notório o tratamento diferenciado conferido pela maior parte da sociedade e dos meios de comunicação aos crimes ocorridos nas áreas nobres e pobres da cidade, inclusive em relação ao homicídio, forma de violência mais definitiva que existe.

O impacto social da morte de um jovem negro da favela, pouco escolarizado e adepto do funk, por exemplo, é desmesuradamente menor do que no caso de um jovem de classe média, branco, universitário e morador de um bairro nobre. As hierarquias sociais, sustentadas na capacidade de consumo de bens distintivos, definem o valor da vida ou do direito, e não princípios sustentados nos direitos fundamentais do cidadão e do ser humano.

A valorização do consumo como referência de valor dos sujeitos tem contribuído para o desenvolvimento de posturas que Silva e Barbosa (2005) denominam de 'presentificação' e 'particularização' da existência. No caso da primeira, os indivíduos vivem em uma permanente busca do que lhes oferece retorno imediato. Não buscam construir um projeto de futuro, seja pessoal, seja coletivo. Quanto à segunda postura, grupos sociais e indivíduos perdem a capacidade de lidar com o Outro e só se reconhecem no Mesmo. A prática tem estimulado um significativo crescimento da intolerância com a diferença e da incapacidade de reconhecer os outros a partir de seus próprios parâmetros e valores.

O fenômeno auxilia no entendimento da naturalização da taxa de homicídio no país, com destaque para o homicídio de jovens, negros, das periferias e favelas brasileiras. Apesar de sua magnitude (quase 50 mil pessoas são mortas todos os anos, sendo 40% menores de 24 anos)[11], não há mobilização massiva da sociedade em relação ao problema, muito menos atenção especial às políticas e práticas que provocam o fenômeno ou que poderiam reduzir esse imenso drama social. Do mesmo modo, uma parcela significativa da população entende como 'adequado' o tratamento precário, frequentemente desumano, conferido aos presos, e acredita que

---

11 O DataSUS, órgão do Ministério da Saúde produtor de dados globais sobre mortalidade no Brasil, tem dados atualizados sobre esse imenso problema nacional.

os gastos nesse campo são desperdício de recursos públicos. Nesse caso, se evidencia que a prisão é vista, acima de tudo, como um instrumento de punição e de isolamento do prisioneiro do mundo social e do mundo dos direitos.[12]

Nesse contexto, não é difícil constatar, seja por meio de diferentes estudos, seja por matérias veiculadas nos meios de comunicação, que existe uma naturalização, ou mesmo aquiescência, pela maioria da população do Rio de Janeiro, das iniciativas centradas no uso da violência massiva pelo aparato policial. De acordo com esses juízos, elas acontecem e se justificam pela necessidade de se enfrentar, nos seus próprios termos, os grupos criminosos que dominam as favelas. A partir dessa visão, definiu-se ao longo do tempo que não existiriam alternativas de atuação para o Estado, posição que esconde o fato de o Brasil ser um dos recordistas mundiais no quesito violência letal, fenômeno que atinge em especial os jovens, negros — pretos e pardos — e moradores de territórios populares.

Meu pressuposto é de que não será possível construir uma política de segurança efetivamente cidadã caso as representações hegemônicas sobre as práticas usuais de intervenção policial nos territórios populares não sejam superadas. É preciso interpretar as razões que contribuem para a naturalização do uso de formas bélicas, comprovadamente ineficientes e geradoras de múltiplos efeitos perversos nos territórios populares. Segundo Raymond Boudon (1977), efeito perverso seria uma ação que contribui para agravar uma situação que se busca superar.

No enfrentamento entre polícia e grupos que atuam no tráfico de drogas nas favelas, não há consideração dos direitos

---

12 Um radical exemplo sobre a ausência de investimentos no sistema prisional e suas consequências é a decisão dos juízes de Execução Penal no Rio Grande do Sul, em junho de 2009, de não conduzir mais para as prisões condenados por crimes comuns, abrindo exceção apenas para as pessoas que tenham sido condenadas por crimes hediondos. A decisão, impactante por si só, decorre da superlotação das prisões nos estados. Cf. O Globo, 9 jun. 2009.

fundamentais da população. Assim, cerca de 1,2 milhão de moradores da cidade do Rio de Janeiro são tratados como a população civil do exército inimigo. Esses cidadãos, em tal quadro, são condenados de modo inevitável a sofrerem as consequências de uma guerra às drogas, pretensamente justa, que se confirma por si mesma, não podendo ser questionada.

A melhor expressão do caráter de guerra do conflito nas favelas cariocas é o uso, pelas forças policiais, de veículos bélicos blindados. Eles são similares aos utilizados pela polícia da África do Sul contra os territórios da população negra durante o regime de Apartheid — todavia, aqueles blindados existem hoje no país africano apenas no museu que rememora as atrocidades do antigo sistema de segregação.

A estratégia de guerra que tem se mostrado há décadas insustentável em todos os sentidos — em termos morais, éticos, econômicos, sociais e, paradoxalmente, de eficiência e de eficácia foi e, em alguns casos, ainda é o principal motivo para a crise vivida no campo da segurança pública carioca e em outras unidades federativas brasileiras que adotam a mesma estratégia.

O regular crescimento do consumo e da venda de cocaína e derivados no Brasil, desde a década de 1980, demonstra que a estratégia de repressão às drogas não tem conseguido reduzir a oferta do produto nem sua distribuição, mesmo com a violência letal tendo triplicado no período, com a maior parte da população carcerária sendo condenada em função do envolvimento com drogas, com o aumento da corrupção policial e judiciária, com os grandes recursos aplicados no combate ao crime, com o aumento da morte de policiais e vítimas inocentes, com o aumento da criminalidade violenta nos centros urbanos, com o uso de armas pesadas nos crimes, com a universalização, entre todas as classes sociais, da sensação de insegurança, com a violência cotidiana nas favelas que torna a vida de seus moradores um risco permanente etc.

Mais significativo e expressivo do que o que ocorre nos territórios das favelas cariocas é o termo guerra de extermínio, que, no conflito entre as forças policiais e as facções criminosas dedicadas ao tráfico de drogas, generalizou-se a partir de 1995. De acordo com versões colhidas nas entrevistas oficiosas da época, vários grupos de policiais militares passaram a evitar fazer prisões, mesmo em caso de rendições, e executavam os traficantes. Desse modo, não valendo a pena se entregar, os policiais também passaram a tornar-se os alvos principais, chegando ao ponto de passarem a ser mortos pela simples condição profissional.

Assim, esses territórios foram cada vez mais identificados e representados como definitivamente perigosos e ingovernáveis, afirmando-se a impossibilidade de se estabelecer ali o mesmo padrão de regulação social presente em outras partes da cidade.

Os exemplos demonstram, simplesmente, que, como afirmam Silva e Silva:

> [...] a violência é uma prática incomodamente presente, em nosso cotidiano, nos mais diversos espaços sociais. Ela não é um ato de exceção que se manifesta em raras ocasiões nem é praticada apenas por sujeitos enquadráveis no estereótipo clássico de 'desequilibrados mentais', sem consciência de seus atos e de suas consequências. A violência, infelizmente, é utilizada por diversos indivíduos, grupos e instituições do Estado e da sociedade como forma de controle social e meio de realização de desejos singulares ou particulares[13] (Silva e Silva, 2005, p. 15).

---

13 H. Arendt apresenta em seu livro, 'Sobre a violência', uma interpretação original sobre os vínculos entre violência e poder. Ao contrário de vê-la como um instrumento do segundo, ela considera que "poder e violência são opostos; onde um domina absolutamente, o outro está ausente" [Arendt, 2009, p. 73]. Sua posição deriva de uma concepção do poder no qual ele "emerge onde quer que as pessoas se unam e ajam em conjunto" [Arendt, 2009, p. 69]; uma visão diametralmente oposta à ideia clássica e dominante na teoria política do poder como sinônimo de dominação. Apresento alguns elementos a mais sobre essa questão no item a seguir.

Entendo que a construção de práticas de segurança cidadãs implica a adoção de novas estratégias de enfrentamento dos grupos criminosos armados, que não as listadas anteriormente. Isso se articula com a construção de novas representações sobre os territórios populares e seus moradores, com o estabelecimento da presença do Estado nas favelas sob novas formas e com a criação de mecanismos de regulação social inovadores e democráticos, que envolvam a maioria dos moradores nos processos decisórios.

O fato mais evidente, para mim, de como a violência cotidiana supera inclusive os crivos ideológicos e, de forma ampla, éticos, foi minha postura e a de outros moradores da Maré em relação ao jovem conduzido para a morte, experiência citada no preâmbulo deste capítulo. Ali, entendi, em sua radicalidade e com vergonha, o significado da banalização do mal, como conceitua Hannah Arendt. Para ela, o mal torna-se banal, trivial, quando uma determinada sociedade ou grupo social se torna condescendente com o sofrimento, a tortura e a própria prática do mal a outro ser, seja este o Mesmo, seja este — o que é mais comum — o Outro.

A proposição da pensadora judia foi construída a partir da experiência vivenciada no julgamento, realizado pelo Estado de Israel, de Adolf Eichmann, o formulador e operador da 'solução final' — o processo de extermínio radical dos judeus. Arendt considera que Eichmann acreditava, de fato, na versão que criou para justificar sua atitude: ele apenas teria cumprido ordens, considerando que seria desonesto se não executasse o trabalho que lhe foi dado por seus superiores — o extermínio quase que completo de um povo. Arendt aponta então para a complexidade da natureza humana e para a falta de sustentação da ideia de que haveria uma essencialidade no comportamento (seja ele mau ou bom). A única forma de evitar a repetição de fenômenos como o holocausto, ela defendeu, seria através da permanente vigilância, individual e social, para garantir a defesa e a preservação da liberdade e, no limite, a construção de uma postura moral cotidiana.

Logo a maior parte da população alemã do período nazista foi convencida, moral e racionalmente, de que a perseguição aos judeus fazia parte de um processo natural e necessário de defesa da sociedade germânica como um todo. O processo experimentado durante a ocasião do assassinato daquele jovem pelos traficantes da Maré é fruto — levando em conta as devidas especificidades — das mesmas referências em termos de razão e moral.

Regulação das relações sociais no território

No início dos anos 1990, na Maré, um adolescente de aproximadamente 16 anos de idade foi pego pelos traficantes, amarrado a um poste, espancado na frente da mãe e assassinado em seguida. Tudo à luz do dia. Seu crime: entrara em uma casa na favela, assassinara uma senhora que cuidava do neto e roubara o domicílio. A esmagadora maioria da população de Nova Holanda concordou com a atitude, embora não aprovasse, necessariamente, as ações dos jovens do tráfico, como a tortura, que visava a transformar a punição em um ato exemplar.

O princípio que sustentou a concordância é o mesmo que, em certa medida, legitima os grupos criminosos armados: a questão da regulação das relações sociais no espaço local. Os moradores sabem, por experiência, que crimes na favela, mesmo assassinatos, não são investigados pela polícia. Assim, a complacência com um crime daquela natureza decorre do temor de que a vida no território local se tornasse ingovernável. Há uma racionalidade inquestionável na prática dos traficantes e dos moradores, muito similar à expressa pelo adolescente: ele, muito provavelmente, sabia que a pena para o ato de roubar dentro da favela é, em geral, a morte; nesse sentido, é provável que o temor de ser executado tenha sido, justamente, o elemento que o levou a cometer o assassinato.

Nesta mesma linha, é sabido que a maioria da população carioca defende a manutenção da atual política de combate ao tráfico de drogas nas favelas, apesar do imenso custo social que isso representa. Uma das explicações para a posição é que, caso isso não fosse feito, os traficantes dominariam a cidade. Há, no caso, um completo desprezo aos direitos fundamentais dos moradores das favelas e total desconsideração da premissa fundamental de que qualquer política de segurança deveria priorizar a proteção da vida dos cidadãos. Todos esses exemplos têm um princípio comum à 'solução final': uma inegável racionalidade.[14] Em função disso, o holocausto foi profundamente impactante para o pensamento ocidental do século XX.[15] Com efeito, o advento, no século XVIII, do Iluminismo, ou esclarecimento, foi coroado como a chegada da humanidade a um período de luzes, com a crença de que o domínio da razão levaria a humanidade a um nível de civilização jamais experimentado em períodos anteriores. Razão, progresso, práticas civilizadas e humanizadas em termos naturalmente entrelaçados.

Diante do holocausto e seu potencial para destruir a razão iluminista, os teóricos da Escola de Frankfurt (pensadores tributários, em geral do marxismo, e que fizeram uma profunda crítica ao capitalismo a partir, principalmente, da análise do fenômeno cultural) produziram uma cisão do termo razão em duas vertentes: a razão instrumental e a razão crítica.

---

14 As práticas assinaladas nos exemplos podem também ser apreendidas a partir de uma expressão utilizada por Luiz Eduardo Soares para descrever as práticas defensivas da maior parte da população brasileira em relação à segurança pública e aos direitos republicanos: "[uma] irracionalidade agregada como consequência de ações racionais" (Soares, 2007, p. 10).

15 O uso da bomba atômica contra o Japão, para abreviar o fim da Segunda Guerra Mundial, ato que provocou a morte de mais de 100 mil civis — em particular mulheres, crianças e idosos — é outro exemplo, dentre tantos, de uma racionalidade extrema, que despreza o impacto humanitário do gesto. Assim, se por acaso perdessem a guerra, os responsáveis pela decisão provavelmente seriam julgados por crimes contra a humanidade.

A razão instrumental nasce quando o interesse maior do sujeito é conhecer o mundo para construir uma relação de dominação e não de autonomia da natureza ou dos outros seres humanos. Nesse caso, a razão está a serviço dos meios e não de fins eticamente orientados. No processo, a ciência, por exemplo, se torna um instrumento de dominação e exploração; ela se dogmatiza e se cristaliza, tornando-se ideológica e contrária ao processo de emancipação da humanidade. Essa razão domina, em grande medida, as formas cotidianas de relacionamento na vida social contemporânea no âmbito das políticas públicas, das decisões das empresas, das empresas de comunicação, enfim, das práticas afirmadas nos diversos campos sociais — inclusive no cotidiano da favela.

A razão crítica se sustenta em outro paradigma. Através dela, o sujeito busca construir uma forma alternativa de apreensão do mundo, de relação entre os sujeitos e desses com a natureza. Ela tem como pontos de partida e de chegada a emancipação da humanidade das relações de dominação e, a partir daí, a construção de uma nova civilização.[16]

No quadro apontado, evidencia-se que a razão instrumental continua hegemônica nos diferentes espaços e grupos sociais da realidade social contemporânea. Logo, a superação pelos moradores da favela da aceitação da violência como instrumento fundamental de regulação da ordem social, inclusive para além da defesa do direito à vida, exige a progressiva superação da sua realidade específica.

Nesse sentido, faz-se patente a dificuldade de se trabalhar com a noção de 'cidade partida', difundida por Zuenir Ventura na década de 1990 e que se tornou parte do senso comum carioca:[17] afinal, os pressupostos racionais que norteiam as práticas sociais dos mora-

---

16 Cf. Freitag (1986).

17 Cf. Ventura (1994).

dores das favelas não são distintos das afirmadas pelos moradores de outros espaços da cidade. Suas vivências são mediadas a partir de um mesmo território de racionalidade, um mesmo modelo paradigmático. Ocorre que os primeiros são obrigados a lidar com situações cotidianas particulares, em especial no que diz respeito à relação com o Estado, o mundo do trabalho e as regulações sociais dos territórios locais. Suas práticas decorrem da experiência subjetiva com situações objetivas que afetam toda a cidade, como a sensação de insegurança e de temor da violência.

O processo assinalado é central para a constituição das representações e práticas que tornam a cidade do Rio de Janeiro, em sua unidade e pluralidade, uma das mais violentas do Brasil. Por outro lado, demonstra que não haveria uma dificuldade de ordem cultural, por exemplo, para a afirmação de uma soberania efetiva de um Estado republicano nos territórios favelados. Não vivem ali pessoas dominadas por uma perspectiva no campo da questão pública, da cidadania, do reconhecimento do Estado, distinta da dominante no conjunto da cidade.

De qualquer maneira, a produção de formas inovadoras de lidar com a violência, em suas diversas performances, exige uma apreensão global do fenômeno e um conhecimento denso sobre suas diversas manifestações nos diferentes espaços sociais. No contexto atual, a atenção especial às favelas deve-se ao fato de as práticas sociais ali estabelecidas, inclusive as dos agentes do Estado, serem ainda inviabilizadas; ou pior, quando são identificadas, são apreendidas a partir de representações estigmatizantes, que sustentam a reprodução das políticas públicas hegemônicas na cidade do Rio de Janeiro, em particular no campo da segurança pública.

Na página ao lado, Memorial das Vítimas da Violência Armada na Maré, inaugurado em 2022, reunindo 120 nomes de moradores mortos em operações policiais e confrontos armados no território. FOTOS: DOUGLAS LOPES

LUCAS ANDRÉ
HERCULANO
DE CASTRO
RODRIGO
DE MORAES
JULIO CESAR
ALVES
DA SILVA

FABRÍCIO
ALBERTO
DA SILVA
DOS SANTOS
RESENDE
LILI
LALA
TAIAN
OLIVEIRA
CAIO
HENRIQUE
DAVISON
LUCAS
PAIVA
CAMELO
LUAN
BORGES
THALLYS
DANIEL
JESUS
DE SOUSA

Marcas de tiros disparados pelo helicóptero da Polícia Civil, conhecido como caveirão voador, durante operação no Conjunto Esperança, em maio de 2019.
FOTO: DOUGLAS LOPES

As referências históricas das práticas policiais presentes

O quadro histórico de conflito pela universalização dos direitos fundamentais na sociedade brasileira se expressa, de forma aguda, nas lógicas e práticas efetivadas pelas forças policiais nos territórios populares e, ao mesmo tempo, na resistência articulada pelos moradores desses espaços. No caso do Rio de Janeiro, a estratégia de segurança pública adotada pela instituição policial foi tradicionalmente pautada pelo uso da opressão e da intimidação como instrumentos de ação cotidianos, como bem revela a citação que se segue, cantadas pelo BOPE*:*

> O interrogatório é muito fácil de fazer
> pega o favelado e dá porrada até doer
> O interrogatório é muito fácil de acabar
> pega o favelado e dá porrada até matar.
> Bandido favelado não se varre com vassoura
> se varre com granada
> com fuzil, metralhadora.[18]

As frases gritadas pela polícia de elite carioca resumem de maneira cruel a forma como os integrantes da instituição policial geralmente percebem uma parcela significativa de pessoas, cerca

---

18 Frases cantadas pelo BOPE — Batalhão de Operações Especiais da Polícia Militar do Rio de Janeiro — em seus exercícios diários, nas ruas de um bairro nobre da cidade do Rio de Janeiro. Cf. O Globo, 24 set. 2003, "Gritos de guerra do BOPE assustam Parque Guinle" *apud* Anistia Internacional, 2005. A presença da citação "Direitos Humanos para Humanos Direitos", na parede do escritório de um delegado paulista, revela como essa postura é disseminada no país. Cf. Caros Amigos, junho de 2006.

de 1,2 milhão, que vivem na cidade. O quadro adquire maior gravidade quando é sabido que grande parte dos 'praças' da polícia — soldados, cabos, sargentos e subtenentes — é oriunda desses territórios, lá residindo ou tendo familiares.

A forma como a polícia atua nas favelas é contraposta, por sua vez, à sua atuação nas áreas nobres da cidade. Nessas, a abordagem, a atitude e o reconhecimento de que é preciso proteger o cidadão pretensamente de bem e pagador de impostos são os princípios norteadores da ação dos profissionais do Estado.

Essa ação contraditória tem consequências. Assim, e não por acaso, mesmo as populações vistas como mais cidadãs do que outras sofrem com a permanente sensação de insegurança na cidade.[19] A violência crescente nos grandes centros urbanos, e cada vez maior nas cidades médias, provoca pânico e insegurança. No que concerne à ação criminosa mais visível, ela decorre em função do controle de amplas parcelas do território urbano por grupos criminosos armados. Também porque, paradoxalmente, a violência ou estratégia de guerra é a base utilizada pelo Estado para o combate a esses grupos, em especial aos dedicados ao tráfico de drogas, e para a pretensa garantia da ordem urbana.

Diante desse quadro, evidencia-se que o eixo da construção de um Estado de direito efetivo no país exige o tratamento da questão da segurança pública nos espaços populares e sua identificação como um direito social fundamental. Portanto, é imperioso reconhecer que há uma falta de consonância entre o reconhecimento e

---

19 Ramos e Musumeci [2005] demonstram que as formas de abordagens policiais variam de acordo com a consonância entre o perfil do indivíduo e o território determinado; assim, um jovem negro é considerado 'suspeito' quando circula em uma área nobre, da mesma forma que alguém com perfil de classe média — branco, nível escolar elevado, roupas de grife etc. — encontrado em uma área favelada. Isso ajuda a explicar a abordagem agressiva dos policiais da CORE — Coordenadoria de Recursos Especiais — feita a mim em Nova Holanda. O mesmo, certamente, não ocorreria em outras partes da cidade.

a oferta de um leque de direitos dos moradores de favelas (implantação de redes de água potável e de saneamento, iluminação pública, pavimentação de ruas, construção de creches, escolas e postos de saúde, dentre outros) e uma política de segurança pública que garanta a condição cidadã dessas populações.

O direito garantido pela Constituição a todos os cidadãos à segurança pública nem sempre foi aplicado de maneira a atingir os diferentes setores da sociedade. A atual Constituição brasileira, no seu artigo 144, apresenta a seguinte normatização sobre o aspecto da segurança pública: "dever do Estado, direito e responsabilidade de todos, é exercida para a preservação da ordem pública e da incolumidade das pessoas e do patrimônio".

A Polícia Militar, por exemplo, principal instrumento institucional para a consecução da segurança pública no país, se desenvolveu, desde sua implantação no Brasil imperial, como uma força a serviço das classes dominantes, sendo, inclusive, paga por estas.[20] A República não modifica a realidade assinalada, continuando as forças policiais sendo utilizadas como instrumento de ponta na repressão aos grupos sociais subalternos e questionadores da ordem vigente.

A ditadura militar, a partir da década de 1960, agrava essa realidade, utilizando a Polícia Civil como braço auxiliar no combate à guerrilha e às organizações sociais que lutavam pela democracia. Na mesma linha, as polícias militares passam a ser dirigidas por oficiais de alta patente do Exército, o que exacerba a acentuada hierarquização da instituição, o autoritarismo do corpo de oficiais sobre os praças e o desprezo aos direitos humanos durante o exercício da ação policial.

O quadro de tradição violenta da ação policial foi agravado com a eleição, por parte dos grupos políticos dominantes do Estado, do

---

20 Cf. Holloway (1997); Marino (2004).

tráfico de drogas como o crime, por excelência, a ser combatido no país. Para isso, tornou-se aceitável o uso de qualquer instrumento disponível, inclusive a prática indiscriminada da violência, especialmente a letal. Tudo feito a partir da alegação de que não há outra forma de enfrentar grupos locais fortemente armados. Na guerra às drogas, a repressão militar e o enfrentamento bélico são utilizados de forma indiscriminada, sem que sejam considerados os direitos fundamentais dos moradores dos territórios nos quais ela ocorre — quase sempre as favelas. A guerra também justifica e banaliza as ações de aniquilamento dos inimigos, em geral, jovens negros e pobres que normalmente não têm nem o direito de serem presos.

No contexto histórico recente do país, a democratização provocou uma série de mudanças nas relações estabelecidas entre o Estado e a maioria da população. Todavia, no caso das forças policiais, elas permaneceram dissociadas das transformações que ocorriam, em particular das que diziam respeito a uma nova compreensão dos direitos sociais e à materialização de um conjunto expressivo de políticas públicas dirigidas aos mais pobres. Apenas na atual conjuntura, diante da gravidade do quadro de violência, a segurança pública vem se impondo como uma pauta indiscutível e urgente a ser colocada no centro da agenda política da maioria dos estados, em particular os mais atingidos pela ação de grupos criminosos organizados.

FOTO: DOUGLAS LOPES

4

MARÉ: NO TEMPO DOS RITUAIS DE GUERRA E PAZ

No início da década de 1980, a Maré era formada por apenas seis favelas. O tráfico de drogas tinha ainda pouca expressão, mas as quadrilhas já começavam a exercer o poder sobre os territórios locais. No caso das comunidades de Parque Maré, Rubens Vaz e Nova Holanda, havia dois grupos disputando o controle do tráfico. A fronteira entre os grupos era um valão existente em Nova Holanda, que dividia a favela em duas partes, a cerca de 50 metros da casa onde residi por quase 20 anos e de onde pude assistir muitas situações profundamente violentas; e também o fato que narro a seguir.

De um lado, estavam os "Irmãos Metralhas", grupo de cinco irmãos, todos criminosos, comandados pelo mais novo, um adolescente de 15 anos, com imensa capacidade de liderança. Seu apelido era Lelei. O outro bando era liderado por Jorge Negão, o mais longevo chefe do tráfico de drogas na favela, com quase 15 anos de poder. Os dois grupos tinham forças equivalentes; desse modo, havia um equilíbrio no conflito, que era profundamente violento e provocava muitas mortes dos jovens nele envolvidos ou de moradores inocentes.

Uma dessas mortes foi a de Jorge Luiz, que teve o nome escolhido pelos moradores para designar uma das ruas de Nova Holanda, justamente a que ele residia. Jorge era um trabalhador e foi barbaramente torturado antes de morrer pelo grupo rival simplesmente porque seu irmão fazia parte do outro bando. Em função da morte de inocentes, os moradores sentiam um profundo medo de transitar livremente entre os dois territórios. Não havia uma proibição aberta por parte dos grupos, mas já crescíamos entendendo que não se tinha o trânsito livre dentro do conjunto da localidade.

Nos anos de 1982 e 1983, aconteceram muitos enfrentamentos entre os dois grupos, bem como entre eles e a polícia. Obviamente, as armas utilizadas nesses conflitos não são comparáveis, em termos de potência, com as utilizadas atualmente pelos grupos criminosos que dominam as favelas. Mas, já no período, anunciava-se o que se vê no presente, pois foi a época em que se iniciou a passagem do uso do revólver calibre .38 para armas como as submetralhadoras Uzi e .30 — embora raro, o fuzil AR-15 já era objeto de desejo dos criminosos mais graduados.

No mesmo período, era vivenciado em Nova Holanda um processo de muitas manifestações no campo da vida política e comunitária, com o envolvimento da população nas questões que dificultavam a melhoria da vida cotidiana. A mobilização foi crucial para superar o discurso da impotência, de que "não se podia fazer nada", de que as populações das favelas eram reféns do Estado e dos criminosos armados. Alguns movimentos sociais surgiam com muita força e buscavam se organizar para melhorar a qualidade de vida local.

Foi encaminhado, no processo, um forte movimento que visava a estimular os moradores a pensar sobre a importância de se encontrar caminhos comuns para mudar o estado de precariedade ou de inexistência dos serviços e equipamentos urbanos, tais como a falta de rede de eletricidade, água potável, rede de esgotos, escolas, creches, postos de saúde etc. Nesse leque de problemas, de acordo com os moradores, um era o mais urgente: a questão da violência, tanto a praticada pelos grupos criminosos armados como a efetivada pela polícia. Assim, uma reunião ampliada foi convocada por um conjunto de organizações comunitárias: Igreja Católica, grupo de mulheres, agentes de saúde comunitária, bloco carnavalesco Mataram Meu Gato e integrantes da União das Associações de Moradores da Maré.

O objetivo central do encontro era buscar construir estratégias que permitissem acabar com a fronteira entre os dois lados da Nova Holanda, pois o juízo comum era o de que a melhoria das condições de vida dos moradores só seria possível com a eliminação do interdito espacial. Dentre os muitos inconvenientes que causava, a divisão havia gerado também uma discrepância enorme entre os lados em termos sociais: em um dos lados, concentraram-se famílias muito pobres, com habitações muito precárias e notória ausência de qualquer equipamento público que prestasse algum tipo de serviço; os poucos que existiam estavam instalados na outra parte da Nova Holanda — a escola pública, o posto de saúde, a sede da Fundação Leão XIII, a Associação de Moradores e o posto policial.

Em um acontecimento histórico, que ocorreu no prédio da Igreja Católica, foi acordado que os grupos organizariam, de forma integrada, eventos na rua, a fim de chamar a atenção dos moradores para a importância da participação das pessoas na resolução do problema da violência em especial. Foi definido ainda que alguns membros da articulação conversariam com os chefes dos grupos que controlavam o tráfico da Nova Holanda no intuito de pedir uma trégua na guerra, explicando a necessidade do fim dos conflitos para a melhoria da qualidade de vida dos moradores. Não se sabia ao certo como eles receberiam essa iniciativa das organizações locais, mas já na ocasião havia a certeza de que deveria vir dos moradores a não aceitação do controle e opressão que foram exercidos, em um primeiro momento, pelo Estado — através da Fundação Leão XIII —, e, com o tempo, por aqueles grupos.

Outra iniciativa definida na reunião foi a organização de campanhas em torno da construção da paz em Nova Holanda, de modo a estimular os moradores a acreditarem nessa possibilidade. Um jovem e talentoso morador confeccionou faixas enormes. Elas foram espalhadas em pontos estratégicos da região. Uma faixa enorme foi colocada de um ponto a outro do valão, com os dizeres: "Vamos acreditar na paz".

Uma cena da época, que pude ver e viver, me marcou profundamente. Ela é, certamente, uma das experiências que me fazem acreditar ser possível, mesmo nos tempos atuais, uma reação massiva da população da Maré ao estado de violência e opressão que se faz presente. Os dois grupos, o dos Irmãos Metralhas e o de Jorge Negão, começaram a tomar iniciativas para encerrar os conflitos e permitir que os moradores de um lado transitassem sem medo para o outro. Eles mantiveram sua autonomia, mas estabeleceram a trégua solicitada pela população. Assim, cada qual continuaria dominando um lado, ninguém poderia vender ou abrir pontos de venda de drogas na área do outro, mas haveria liberdade para o trânsito irrestrito no espaço do rival.

Como muitos moradores e vários integrantes das quadrilhas não acreditavam nessa possibilidade, foi realizada uma demonstração pública dos dois lados, ritualística, para a formalização do combinado. Assim, em um determinado dia e hora definidos pelos chefes, os dois grupos vieram caminhando dos seus lados, com todas as suas armas na mão. O momento, eu me lembro ainda hoje, era de temor, de tensão, de forte expectativa.

Eles, sempre se encarando, se dirigiram para a frente do posto policial comunitário — os policiais de plantão estavam dentro do posto, mas não efetivaram nenhuma ação, pois sabiam o que estava previsto. No mesmo momento, então, os integrantes dos dois lados jogaram as armas no chão. A atitude, assistida por muitos moradores, inclusive por mim e pelos policiais de plantão naquele dia, significou um novo momento para Nova Holanda. Desde então, a guerra acabou e a paz reinou entre as quadrilhas criminosas da Maré por muitos anos. Ela foi quebrada apenas a partir de meados da década de 1990, em função dos novos arranjos entre as facções cariocas.

* * *

A transformação da favela em uma arena de enfrentamento de grupos armados tornou-se o principal fator de desestabilização do cotidiano dos moradores. Ela define a rotina dos pais, muitos dominados pelo temor permanente de deixar seus filhos brincarem nas ruas e restringe as possibilidades de circulação no interior da Maré e fora dela, pois muitos adolescentes e jovens temem ser agredidos por indivíduos de outras favelas. Os interditos espaciais derivados da luta interna da favela se expandem, subjetiva e objetivamente, para outros territórios da cidade e marcam a rotina das escolas, levando-se em conta a dificuldade de seus profissionais, geralmente oriundos de outros espaços da cidade, de se sentirem à vontade para trabalhar no cotidiano de uma troca de tiros imprevisível e sempre possível.

O aspecto mais curioso da vida cotidiana na favela é o fato de a imensa maioria das violências percebidas vincular-se à dinâmica do conflito entre os grupos armados. Apesar da presença de conflitos de variadas ordens, há uma percepção muito centrada nas ações dos grupos armados. No caso da venda e do consumo público de drogas, que podem ser ações agressivas de acordo com o modo como são feitas, são práticas presentes no cotidiano em intensidade, que varia de acordo com a localidade. Há, naturalmente, outras formas de violência, em particular a doméstica, mas elas chamam menos atenção nesse cotidiano.

A definição de violência mais assinalada pelo segmento dos moradores aponta para uma percepção do fenômeno como algo mais abrangente do que a expressa em sua noção primária, centrada na agressão física. Do conjunto de 514 entrevistados, 41,4% afirmaram que violência é quando se fere o direito de uma pessoa ou grupo. Em seguida, temos 30,2% que declararam entender como violência quando alguém sofre uma dor física e/ou psicológica. A primeira opção apresentada, a que associava a noção de violência apenas à dor física, foi assinalada por 27% dos entrevistados como sendo a mais adequada.

A violência presente nas práticas cotidianas e nas representações

Uma presença impactante para os visitantes da Maré é a dos adolescentes e jovens que circulam armados, principalmente no início da noite. Eles buscam afirmar o seu poder e gerar respeito, temor e/ou admiração das meninas com a demonstração de fuzis ou pistolas, e em motos que vêm e vão, quase sempre em alta velocidade, nas ruas repletas de gente. Para os moradores, a presença dos jovens armados tende a ser vista da mesma forma como são vistos os policiais no conjunto da cidade: com naturalidade. Provoca maior estranhamento e maior tensão a presença dos agentes repressivos do Estado circulando nas ruas da favela, o que em situações normais só ocorre durante o dia: expressando tensão e desconfiança, com o fuzil apontado e dedo no gatilho, eles estão sempre prontos para atirar, o que coloca em risco todas as pessoas que por ali circulam, explicando a revolta da população com cada notícia recorrente de 'balas perdidas' que atingem inocentes.

O fato de se naturalizar a presença dos jovens armados não quer dizer que a população reaja com satisfação à exibição das armas. Os chefes do tráfico que controlam esse tipo de prática ou a proíbem são mais respeitados pela população local. Há um lado pragmático nessa exibição: de acordo com o chefe de um dos grupos criminosos da Maré, a circulação de armas, em particular a de fuzis, é um alerta para inimigos, pois outras facções enviam X-9s (espiões) para avaliar a capacidade do grupo local de defender o seu território.

O relato de um traficante de uma facção criminosa da Maré mostra um pouco da visão deste grupo sobre o porte de armas, além do argumento de utilização dos armamentos para defesa dos ataques da polícia:

Blindado do Exército na Avenida Brasil em 2018, período em que o Rio de Janeiro passava por intervenção federal na segurança do estado. FOTO: DOUGLAS LOPES

entro de Artes da Maré
Cult. Bela Maré

Lançamento da campanha da campanha *Somos da Maré! Temos Direitos*, da Redes da Maré, em janeiro de 2022. FOTO: DOUGLAS LOPES

Eu tenho 31 anos. Minha família veio da Paraíba, são pessoas trabalhadoras, e minha mãe é muito religiosa. Nós somos quatro irmãos, mas somente eu entrei para a vida do crime. Eu sou traficante, mas eu não quero matar ninguém.

Nós não atira [sic] à toa. A senhora vê tiro durante o dia, há tiro durante o dia? Há traficante dentro da comunidade, mas, durante o dia, não tem resistência contra a polícia, não. O problema do caveirão é à noite. Quando nós reagimos a eles, a maioria das vezes é que nós estamos defendendo o tráfico. Eles sabem que o tráfico existe, então a atuação deles é chegar atirando por isso? Complicado, né?

Eu acho que o caveirão é uma proteção para o policial. Isso é verdade, sim. À noite, o tráfico fica ali. Então, se vir homem com homem, ninguém vai correr, né? Mas, se vem o caveirão, a história se complica. Tem que correr mesmo. Mas essa questão de blindado piorou muito o conflito entre os bandidos e a polícia. Eles vêm com esse carro, e como fica a gente, nesse caso? Nós temos que nos defender e só resta enfrentar eles [sic]. Quando a polícia vinha à paisana, a gente sabia com quem estava lidando. Era uma guerra homem a homem. Agora não, a gente não sabe quem está lá dentro, qual a munição deles. Eles vêm e a gente já não sabemos [sic] quem tá escondido.

Outra coisa ruim é que eles xingam os moradores, as mulheres e as crianças, principalmente os que estão na rua. O caveirão passa ofendendo os outros. Por que eles precisam fazer isso, se o caso deles é com nós, traficantes? A polícia tinha que ver isso. A polícia não pode esculachar o morador. Morador não tem nada a ver com isso. Isso tá errado. Sou revoltado com isso. Eu não acho que todos os policiais são assim, tem uns que são evangélicos, que respeitam o morador.

Veja o meu caso; eu tenho uma família exemplar. Eu entrei pro tráfico por questão de bobeira mesmo, não foi por necessidade. Na época eu queria ter moto, eu queria tirar uma onda de playboy. Eu queria ter coisas que não tinha condições de ter. Acabei tendo essa vontade, vontade tremenda de ter moto e comecei a ficar olhando pros caras ali, eu comecei fazendo um favor para uns e outros e depois eu comecei a traficar e até hoje eu não consegui nada. O que me fez entrar no tráfico foi essa questão da moto.

Outra coisa que influencia é a televisão. Eu acho que a televisão faz muita apologia ao tráfico, mas na verdade a apologia tem que estar na lei e não no crime, está entendendo? Teve uma minissérie no canal quatro que é pura apologia ao tráfico. As crianças veem aquilo e passam a achar que a vida de traficante é boa. Isso é apologia, a criança, quando vê aquilo dali, passa a querer sentir. A criança não tem maldade naquilo que está vendo. Aquilo ali é apologia mesmo, é onde faz a gente querer se envolver.

Também quando via os filmes de tiro, antigamente eu via os filmes de tiro, Rambo, essas coisas, e me imaginava também fazendo aquilo. Hoje em dia eu não gosto de dar tiro. Mas no começo eu dava por empolgação, embriaguez, coisa de jovem. Quando eu fui crescendo, tendo raciocínio, passei a ver que não era nada daquilo. Isso era uma bobeira, uma ilusão, coisa de criança. Era empolgação de jovem. Aí quando você passa a raciocinar e vê que não tem lógica, você se sente um bobo, um bobo mesmo.

O espaço da Maré, com exceção do Morro do Timbau, é plano — o que favorece a mobilidade das pessoas e dos veículos. Desse modo, há uma liberdade significativa para a circulação de pessoas de fora da comunidade, em especial durante o horário comercial em dias de semana. Essa facilidade de circulação coloca em questão um dos grandes temores das populações que não residem nas favelas: o direito de nela circularem em segurança. É muito comum para os que trabalham com organizações sociais nas favelas terem de lidar com situações cotidianas de preconceito, indelicadezas e exigências descabidas, em função da ignorância das pessoas da cidade sobre as condições de vida cotidiana na favela. O sentimento de que há um risco de morte iminente pelo simples ato de entrar na favela é muito comum. O medo é irracional, e diferentes formas de violência simbólica são sofridas pelos que moram ou trabalham nas favelas, devido às representações tradicionais.

Nos casos de algumas pessoas que se propõem a entrar na favela, muitas vezes por necessidade profissional, há a exigência — o termo é esse — de garantia da segurança absoluta. Ignora-se que os moradores locais correm os mesmos riscos em caso de um eventual conflito, que não há uma ligação direta com os grupos criminosos armados e controle de suas atividades; que há, por outro lado, uma lógica na ação cotidiana dos jovens criminosos, fruto de um conjunto de referências históricas de convívio, da necessidade da legitimação de sua presença no território local e de sua própria necessidade de serem aceitos, não se sentirem desprezados. Tudo isso faz com que suas práticas não sejam aleatórias, mas marcadas por códigos sociais mais ou menos determinados.

Nesse sentido, é um equívoco considerar que a favela seja um espaço dominado pela irracionalidade, pelo barbarismo e pela violência caótica; com efeito, há regras de relações sociais estabelecidas e reconhecidas pelos moradores.

O processo de estabelecimento das práticas de regulação social na favela é complexo e envolve diferentes atores. Em tese, o chefe do grupo armado tem um poder autocrático, não precisa consultar as pessoas para suas decisões e sua autoridade vem do grau de aceitação da população em relação ao que ele decide. Assim, há um processo recíproco de exigências, quase nunca explícito, de comportamentos e compromissos cotidianos. Os traficantes têm um sentimento de indignação absoluta com a delação; os moradores, por seu lado, assim como muitos integrantes do tráfico, ficam irritados quando a favela está 'bagunçada', quando as coisas não estão funcionando dentro da ordem necessária, com o devido respeito ao morador. A existência de roubos ou atos afins na favela, por exemplo, representa uma situação de crise tanto para moradores como para integrantes do grupo armado.

Para aqueles que não estão acostumados a lidar com a favela, o seu cotidiano parece dominado pela agressividade e pela desordem. Não é casual que a maior parte dos moradores da cidade considere que uma expressiva fatia da população da favela seja envolvida em atividades criminosas, em particular com tráfico de drogas ou roubos.

A distância entre a realidade e a representação ficou evidente em uma atividade desenvolvida na Redes da Maré em 2009, denominada 'Representação e estereótipos sobre as favelas e seus moradores'. Alguns residentes em bairros nobres da cidade presentes ao evento afirmaram que no mínimo 20% da população local estariam envolvidos em atividades criminosas, tais como tráfico e roubos — o que representaria cerca de 30 mil pessoas apenas na Maré!

Já ouvi depoimentos generosos que afirmavam ser uma minoria o número de criminosos nas favelas: cerca de 30% de seus moradores (sic!). De fato, a representação difusa entre a população que não reside na favela é de que seus residentes são criminosos ou coniventes com essas atividades.

Os estereótipos assinalados fazem com que o morador da favela assuma uma postura ambígua em relação ao reconhecimento da sua condição de morador. Quando é conveniente, na conquista de algum benefício social, por exemplo, ele se declara morador da favela. Mas, no caso da busca de um emprego, oferece outro endereço, em geral de um bairro formal, para não ser estigmatizado.

Outro fator tradicionalmente ignorado nas favelas, em especial na Maré, é a força da sociedade civil e das igrejas: várias organizações sociais se distribuem pelas comunidades, desenvolvendo programas assistenciais, educacionais, culturais e de pesquisa, além de ações voltadas para a geração de trabalho e renda. Isso porque as favelas atraem muitos projetos sociais, além de, em função de suas demandas históricas, terem uma experiência de organização comunitária mais abrangente e articulada. Nesse sentido, os moradores da Maré, principalmente os adolescentes e jovens, têm muito mais facilidade de acesso a cursos gratuitos que ampliam suas possibilidades sociais do que a maioria dos moradores dos bairros vizinhos. O mesmo ocorre no caso das igrejas, tendo em vista o forte investimento das diversas denominações, especialmente as neopentecostais, no espaço local.

Um aspecto central na vida cotidiana da favela da Maré, como na da maioria daquelas dominadas por grupos armados, é o alto grau de segurança em relação ao patrimônio, fato raro de se conceber em outros espaços da cidade: não há o temor do morador ter a casa assaltada, ser roubado na rua ou ter o carro furtado. Da mesma forma, há uma feroz repressão a crimes como estupro e similares. Como foi assinalado anteriormente, o papel de polícia dos grupos armados é desempenhado com eficiência, principalmente por sua forte capacidade intimidatória. Contribui também o fato de as pessoas envolvidas em atividades criminosas, tais como furto ou assalto, temerem colocar em questão sua identidade e permanência no local, além da incorporação, em certa medida, de uma ética comunitária, que desaprova fortemente os criminosos que ousem roubar em sua própria favela. Por outro lado, é comum que jovens criminosos de outras favelas de facções rivais à dominante busquem realizar assaltos ao seu comércio, a fim de desmoralizar o grupo local.

Outro fato significativo é o crescimento de roubos nas casas em períodos mais recentes, ação que se associa ao processo de liberação e crescimento da venda de crack na favela. A droga foi proibida de ser vendida nas favelas cariocas durante muito tempo, justamente em função da dificuldade de controlar os seus efeitos sobre os usuários, em especial os que atuam no tráfico de drogas. Nos últimos anos, todavia, a droga passou a ser comercializada em muitas delas. Como os efeitos provocados pelo crack são devastadores, seu uso tem desestabilizado relações historicamente construídas, particularmente a proibição de roubos na favela.

Devido, então, ao aumento do grau de criminalidade contra o patrimônio na Maré, algumas áreas, principalmente as comerciais, criaram uma equipe permanente de segurança. A equipe presta serviços durante o dia para o comércio local em troca de pagamentos realizados de forma regular, mensal ou semanalmente. À noite, período em que os integrantes dos grupos armados estão circulando nas ruas, não há segurança profissional.[21]

No entanto, o fato mais marcante da Maré e o que melhor permite sua caracterização como uma favela típica carioca é o fenômeno da violência armada. Por sua forte rivalidade, o domínio dos grupos armados é sentido no cotidiano de cada localidade, principalmente por meio da presença bélica. As investidas frequentes da polícia são um fator a mais para a instabilidade da vida cotidiana local e o temor permanente de uma sempre possível troca de tiros.

A complexidade do problema pode ser demonstrada em um exemplo curioso: durante um determinado período, em alguns dias da semana, as aulas do pré-vestibular da Redes da Maré eram

---

21 O valor do pagamento é de acordo com o movimento do comércio e com o risco de assalto. Assim, uma casa lotérica, que mexe atualmente com uma grande quantidade de recursos, paga bem mais do que um consultório médico ou dentário, por exemplo. O valor pago, cabe ressaltar, é bem menos do que o cobrado por empresas regularizadas de serviço de segurança.

atrapalhadas devido à troca de tiros entre policiais e membros de uma facção criminosa. Em função da gravidade do fato, que já impedia muitos estudantes de irem ao curso, uma comissão de diretores da instituição foi solicitar ao chefe do tráfico que evitasse o problema, pois causava danos ao trabalho pedagógico. Ele argumentou que o problema era uma guarnição de policiais evangélicos, que não aceitava 'propina' e partia para o enfrentamento com os jovens do tráfico. A situação reflete um paradoxo: no ato de respeito à lei e à ética, os policiais colocavam em risco os moradores e contribuíam para agravar as condições de violência. Qual o sentido dessa prática, no limite?

FOTO: DOUGLAS LOPES

5

NOVAS MENTALIDADES, NOVAS POLÍTICAS DE SEGURANÇA

A incursão policial ocorreu em 14 de abril de 2009, na favela da Baixa do Sapateiro. Segundo informações do comandante do 22º Batalhão, a operação foi realizada pela Polícia Civil, que veio até a Maré cumprir um mandado de prisão. Alguns policiais do batalhão se uniram à equipe, a fim de colaborar com o trabalho. O resultado deixado pela busca da polícia na Maré naquele dia foi a morte de um adolescente de 17 anos, atingido por um tiro na cabeça na porta de casa, onde conversava com amigos. Felipe dos Santos Correia de Lima era um jovem que estudava em uma escola pública da região e trabalhava como ajudante de uma lanchonete.

A operação, que culminou com a morte de Felipe, deixou mais uma marca negativa junto aos moradores da Maré em relação à polícia e aprofundou ainda mais o hiato que separa o trabalho dos profissionais da segurança e a população local. Mais uma vez, como em tantas outras ocasiões, foram divulgadas versões diferenciadas para o ocorrido. Os moradores relataram que os policiais chegaram de maneira agitada, apontando armas e atirando a esmo. Ao se aproximarem das imediações da casa do jovem assassinado, os policiais teriam simplesmente atirado, sem verificar quem estava, de fato, na rua. Naturalmente, a versão dos policiais é oposta, afirmando que simplesmente reagiram aos disparos de traficantes de drogas.

Aquele confronto foi marcante para mim, pois me transportou para a morte de Renan da Costa Ribeiro, a criança de 3 anos vitimada em 2006 por uma daquelas incursões policiais na Maré. Na ocasião, um grupo de moradores, no qual eu me incluía, realizou protesto em frente ao batalhão da Maré. O dia era outro, assim como minha situação: no dia da morte de Felipe, eu me encontrava dentro do batalhão, realizando entrevistas para o livro. O sentimento que me acometeu foi bastante curioso: um misto de tristeza, impotência e revolta, mas, principalmente, um desejo enorme de entender como fatos como aquele eram percebidos pelos policiais e como eles lidavam com isso.

No batalhão, o alvoroço era enorme. Os policiais saíam e entraram na sala do comandante trazendo informações sobre o ocorrido e constatavam também a indignação que tomava conta dos moradores. Àquela altura, já se aglomeravam moradores na Linha Vermelha, cujo tráfego ficou parado por algumas horas devido ao protesto contra a ação policial. Os policiais civis e militares tentaram conter os moradores, porém, mais uma vez, houve reações de agressividade e violência das duas partes. Alguns canais de televisão mostraram ao vivo o ocorrido, com alguns jornalistas descrevendo a manifestação e tentando se proteger entre um tiro e outro. Ao perguntar ao comandante sobre as razões que levaram à morte do jovem Felipe, ele foi enfático em dizer que não poderia afirmar que o tiro havia saído das armas dos policiais, mas que o rapaz estava num contexto suspeito, fato que levou à ação agressiva da polícia.

Ali, na vivência tão direta da tensão policial, percebi que algo mudara em mim, desde a morte de Renan, em relação à corporação policial. Meu sentimento de indignação com as práticas violentas contra a população das favelas não diminuíra. Mas tornou-se evidente que o problema era mais profundo, ia além das características pessoais dos policiais ou de um eventual desprezo à vida dos pobres. Os problemas residem na própria concepção de ação do policial, na afirmação de um ethos guerreiro alimentado de forma cotidiana, na distância entre as partes — policiais e moradores das favelas —, no ressentimento acumulado em função de anos de conflitos e afastamento, e no esforço para dar sentido à própria vida cotidiana, sem que se preste devidamente atenção nas dores, nos esforços e no significado da vida para o outro.

Ficou claro para mim que o caminho para evitar novas mortes, conflitos e dores estava no reconhecimento da humanidade das pessoas envolvidas, com suas contradições, e, a partir daí, trabalhar na construção permanente de canais de diálogo. Foi então que percebi como estava tomada pela necessidade de ampliar o contato entre as pessoas que fazem a instituição policial, além das integrantes de outras organizações do Estado, e os moradores da Maré. Após a consciência mais explícita sobre como a estratégia do diálogo propositivo tinha se tornado importante para minha ação na Maré, algo aparentemente tão trivial, embora nunca praticado como estratégia de ação, avancei muito mais no desenvolvimento de proposições voltadas para a construção permanente de canais de encontro. E esse se tornou, felizmente, um caminho sem volta, que envolve cada vez mais pessoas.

* * *

A experiência de um contato mais próximo com os profissionais das forças de segurança me surpreendeu de modo significativo. Inicialmente, pensei que teria muitas dificuldades de aproximação e em conseguir que falassem sobre suas experiências no ofício. Achei que pudesse ser até mesmo hostilizada por querer investigar o funcionamento do batalhão e, talvez, constatar ou identificar exemplos sobre fatos e juízos que já se tem sobre a forma de como a polícia atua nas favelas.

Nada disso ocorreu. O comandante do 22º Batalhão à época recebeu-me em um encontro mediado por uma amiga, pesquisadora do tema Segurança Pública. Depois da liberação para os contatos, fiquei dentro do batalhão por três meses, conversando com os policiais, em diferentes dias e horários, em uma sala que me foi cedida pelo comandante. Em momentos de troca de escala ou turno, os policiais dedicavam um tempo a conversar comigo. Minha surpresa também foi grande: mesmo após a gentil e prestativa resposta do comando à minha solicitação, temi ter dificuldades em convencer os policiais a falarem sobre suas percepções a respeito da Maré e de seu trabalho. O que ocorreu, entretanto, foi exatamente o contrário: a disponibilidade foi profunda, encontrando profissionais satisfeitos de terem oportunidade de serem ouvidos e ávidos para se posicionarem sobre o tema da segurança pública.

A ida cotidiana ao batalhão tornou-se uma das experiências mais ricas do processo de construção deste livro e de reflexão sobre segurança pública. Por meio das visitas, pude observar o funcionamento dos setores administrativos e operacionais, as relações estabelecidas entre os membros da corporação, as atividades internas, a dinâmica de organização das ações nas áreas de abrangência do batalhão e, em especial, a reação dos profissionais a diferentes situações cotidianas. Também fui a outros locais de permanência de policiais na Maré: os Postos de Policiamento Comunitário (Vila do João, Baixa do Sapateiro, Parque União e Praia de Ramos) e as cabines de rua, especificamente a que se localiza em frente à Vila dos Pinheiros e do Morro do Timbau.

Não foram poucas as vezes em que a minha voz embargou ao tentar indagá-los sobre o que os levava a agir de maneira tão desrespeitosa e pouco coerente com a função primeira da polícia, que é o de prevenir e garantir a segurança para todos os cidadãos. Ao ouvir as justificativas e os argumentos, percebia as dificuldades de respostas a situações para as quais, no meu ponto de vista, não haveria qualquer defesa. O novo para mim foi o fato de muitos declararem as condições e os contextos que os fizeram chegar até aquele momento. No diálogo, muitos admitiram se sentir desrespeitados e humilhados dentro da polícia, do mesmo modo como acontece com os moradores da Maré, por exemplo. No caso dos dirigentes do 22º Batalhão da Maré, todos, sem exceção, foram muito abertos e se colocaram de maneira crítica à atuação da polícia nas favelas e na cidade de modo geral. Apontaram como é essencial rever a lógica que domina as estruturas de funcionamento do aparato do Estado em relação à segurança pública.

O contato direto com os diferentes segmentos de profissionais da segurança me trouxe um ânimo novo: reconheci os policiais em sua condição humana, de sujeitos, e não apenas na função oficial na qual atuam. Esse reconhecimento da humanidade de representantes do Estado que sempre vi com desconfiança e distância foi marcante. Pude ver e vivenciar suas angústias, que por parte de alguns se apresentaram de forma vívida. Percebi que a reprodução histórica da atuação repressora da polícia apoia-se em estruturas que agridem o público-alvo da barbárie instalada, as populações pobres, mas também oprimem de forma profunda o agente condutor das práticas de violência cotidiana na favela.

Carta de uma criança da Maré enviada aos ministros do Supremo Tribunal Federal, numa ação da Redes da Maré, antes do julgamento da ADPF 635, a ADPF das Favelas, realizado em abril de 2025. FOTO: DOUGLAS LOPES

O Batalhão da Polícia Militar na Maré

> Eu era presidente da Associação quando o administrador na Maré. Levei um susto. Um batalhão dentro da favela? Como e por que resolveram colocar aqui dentro? Quando ele me falou que seria na fronteira, perto da Região regional da Maré me falou que iriam construir um batalhão Administrativa, aí é que fiquei admirado. Como colocar um batalhão justamente onde os bandidos de facções diferentes trocam tiros? Achei tudo aquilo muito esquisito. Pensei com meus botões: isso é mais uma daquelas jogadas políticas.
>
> **TRECHO DE ENTREVISTA COM O PRESIDENTE DE UMA DAS ASSOCIAÇÕES DE MORADORES DA MARÉ, 2008**

A transferência do 22º Batalhão de Polícia Militar, em 2003, do bairro Benfica, onde estava instalado desde 1989, para a Maré, foi um evento acompanhado de muitas controvérsias. A ideia de um Batalhão Comunitário começou a ser pensada no início do Governo de Anthony Garotinho (1999-2002), no âmbito de um inovador programa de segurança pública. O programa em elaboração era coordenado pela Subsecretaria de Pesquisa e Cidadania, dirigida, na ocasião, pelo pesquisador Luiz Eduardo Soares, que se tornou o principal especialista em segurança pública do país.[22]

---

22 Como já foi dito, Luiz Eduardo participou do Governo Garotinho entre janeiro de 1999 e março de 2000. No período, ele foi o formulador de uma série de medidas inovadoras no campo da segurança pública, tais como as Delegacias Legais; o investimento na produção de dados e do trabalho com a inteligência e tecnologia para se enfrentar a criminalidade; novas formulações a respeito dos vínculos entre segurança pública e

Em sua origem, a ideia de implantar batalhões comunitários tinha como fundamento o estabelecimento de um novo conceito de patrulhamento na área de favelas. O princípio era o de recrutar, nas próprias áreas onde o batalhão seria implantado, os soldados que atuariam no trabalho direto com a população. Assim, de acordo com a equipe que defendia a materialização da iniciativa, o Estado atuaria num grave problema social: a falta de oportunidades para os jovens entre 15 e 25 anos, moradores de favelas, muitos deles recrutados pelo tráfico de drogas.

De acordo com Soares, a concepção defendida então era a de que os batalhões seriam instituições, como tantas outras do Estado instaladas nas favelas, voltadas para oferecer serviços no campo do treinamento profissional, como uma agência de empregos, com atendimento na área da saúde focado na questão dos usuários de drogas; além de ser um local que abrigaria diferentes conselhos voltados para a garantia dos direitos das mulheres, das crianças e dos adolescentes e para a luta contra a discriminação sexual e racial. Essas atividades seriam realizadas em parceria com outros órgãos do governo, sendo fundamental a integração e a compreensão de que o enfrentamento do problema da violência só aconteceria se houvesse uma priorização de todas as instâncias do governo de se trabalhar nesse sentido (Soares, 2000, p. 289).

Acontece que, para a implantação de um equipamento com as características do batalhão comunitário nas favelas seria necessário, primeiramente, que o governo tomasse algumas medidas preliminares, que seriam:

---

direitos humanos; sobre o enfrentamento do fenômeno dos grupos criminosos armados; e, por fim, para não ser exaustiva, sobre a questão da descriminalização das drogas etc. Cf. Soares, 2000.

a. a contratação de um contingente maior de policiais, em torno de 4.800 na época, todos oriundos das favelas. A meta era que houvesse um policial para cada 250 moradores, conforme sugere as normas de padrão internacional;
b. a localização dos batalhões comunitários teria como critério de escolha as áreas que oferecessem maior risco em termos de violência;
c. os novos policiais não precisariam ter, necessariamente, um alto grau de escolaridade.

A formação seria oferecida nos primeiros anos de trabalho como policial. A prioridade de estudos seria oferecer conteúdo de educação cívica, através de cursos específicos e de curta duração, voltados para a compreensão da função social que o policial deveria ter. O acompanhamento dos policiais, nos primeiros anos de trabalho, por parte da sociedade, seria feito por homens e mulheres da terceira idade, moradores das mesmas áreas onde os policiais seriam selecionados. Aqueles funcionariam como tutores, cada um se responsabilizando por cinco dos jovens selecionados. Antes da implantação do batalhão, a polícia teria que ocupar a favela, retirando os grupos armados que dominavam o território. Havia ainda a proposta de se terceirizar um leque de atividades para pessoas daquelas localidades. Ou seja, a proposta era criar formas de se ter os moradores das favelas participando de forma cotidiana das atividades do batalhão, fosse através do trabalho em ações específicas, fosse como integrante dos conselhos ali existentes (Soares, 2000, p. 289).

A proposta de Batalhão Comunitário nos moldes referidos acima foi bastante discutida dentro do governo, sendo bem recebida pelo governador, mas questionada por alguns dos integrantes da cúpula da segurança pública. A Maré foi o local definido para a construção do novo órgão, embora fosse também apresentada a proposta de sua instalação na favela Cidade de Deus. A aceitação pelos moradores das favelas, ainda pelos relatos de Soares, à ocasião, teria sido muito positiva. No momento das visitas às favelas para discussão da proposta do batalhão comunitário, o sentimento de esperança expresso pela equipe da Subsecretaria de Pesquisa e Cidadania era animador. Contrariando o senso comum, que apontaria para o desinteresse dos residentes em favelas em se envolverem nas questões pertinentes à segurança pública, os técnicos do governo viam um interesse direto, bem como uma forte preocupação que a questão fosse tratada em uma ótica diferenciada da trabalhada até então.

Sendo, todavia, o *bairro* Maré constituído por 15 favelas, o que acabou determinando o local onde o batalhão foi implantado? Como a decisão de sua implantação chegou até os moradores, às pessoas envolvidas em atividades criminosas e às instituições locais? São muitas as versões que há em torno da implantação da instituição na Maré. A primeira notícia de construção de um batalhão na Maré veio carregada de dúvidas. As informações chegavam de forma dispersa, de 'cima para baixo', sem uma definição clara de qual o sentido, que as propunha e como se pretendia materializar a proposta.

Policial da Coordenadoria de Recursos Especiais (CORE) da Polícia Civil do Estado do Rio de Janeiro, durante operação nas ruas da Maré.
FOTO: KAMILA CAMILLO

CORE

Policial andando por uma rua da Maré durante operação em dezembro de 2024.
FOTO: DOUGLAS LOPES

Kombi estacionada numa rua da Maré, com vidro da frente com marcas de tiros.
FOTO: DOUGLAS LOPES

Poste de luz cravejado de balas, localizado em frente a uma escola na Maré.
FOTO: DOUGLAS LOPES

Fronteiras da Maré: o local de instalação do Batalhão

A primeira ideia do governo era construir o Batalhão da Maré nas imediações das favelas Nova Maré, Parque Maré e Baixa do Sapateiro. Nessa região, estão localizados o Centro Comunitário de Defesa da Cidadania (CCDC), a Região Administrativa (RA), a Lona Cultural Herbert Vianna[23], dois centros integrados de educação pública (CIEP), denominados Elis Regina e Samora Machel, e parte do complexo esportivo Vila Olímpica da Maré. O preocupante é que a área proposta é justamente a fronteira entre facções criminosas rivais, apresentando um grande número de conflitos armados envolvendo os comandos. Em função disso, há um grande temor dos moradores da Maré em circular nesta fronteira — o que gera, inclusive, a desvalorização imobiliária nas proximidades. O argumento apresentado foi que o local escolhido deveria acolher mais esse equipamento público, no intuito de gerar o apaziguamento daqueles conflitos. O que não vinha ocorrendo há algum tempo pelo fato de já ter as outras estruturas públicas em funcionamento no local.

Na realidade, a troca de tiros, as mortes e ferimentos em moradores que se aventuravam a transitar na região, em diferentes ocasiões, foram significativos. A questão era tão grave que as duas escolas localizadas naquela área, durante um tempo considerável, foram atingidas por tais brigas, de modo que, no horário noturno, os grupos ocupavam determinadas partes dos CIEPs e de lá trocavam tiros com os rivais. Havia, e ainda há, uma clara dificuldade de se criarem as condições de segurança para o bom funcionamento dessas instituições.

---

23 Em 2023, o equipamento foi inaugurado com o nome de Areninha Cultural da Maré Herbert Vianna.

> Eu moro no final da rua principal, próximo aos CIEPs e ao CCDC. Já vivi muitos momentos difíceis ali, eu e minha família. Não deixo meus filhos saírem à rua de jeito nenhum. Vi muitas tentativas de um lado invadir o outro. Eu ficava apavorada, me jogava no chão com os meus filhos. Depois das oito horas da noite, ninguém mais sai para a rua. Os CIEPs — nossa senhora! —, os bandidos entraram para lá. Não sei por que os portões ficam abertos, é assim até hoje. Eu já vi aqui esses moleques fumando maconha na quadra dos CIEPs, no horário que as crianças estão estudando.
>
> **ENTREVISTA COM MORADORA DO PARQUE MARÉ, 2009**

Na fala da moradora, percebe-se a gravidade do problema que passam os que residem próximos às áreas nucleares de conflitos nas favelas. Foi em um espaço com essas características que foram feitos os primeiros estudos para se implantar o batalhão na Maré. De certo modo, fazia sentido pensar na colocação de um equipamento de segurança numa área com histórico de violência e necessitando de uma ação prioritária do Estado. Mas, ao fim, por razões de segurança do contingente de profissionais que trabalhariam no batalhão, pelo fato de o terreno ser pequeno para abrigar um equipamento para cerca de mil homens e por se avaliar as condições desfavoráveis para a logística cotidiana, em especial o ir e vir dos policiais, optou-se por instalar o batalhão da Maré numa área contígua à Vila Olímpica local, de frente para a Linha Vermelha, na favela Nova Holanda.

O processo de discussão em torno da implantação do Batalhão na Maré reuniu diversas vezes as associações de moradores e determinados órgãos de governo. Havia uma clara intenção dos setores de segurança de envolver algumas instituições locais, a fim de conseguir o apoio para implantar um tipo de equipamento em uma região onde grupos criminosos controlam a vida dos moradores.

O ponto crítico que envolveu a mudança de local do Batalhão na Maré foi o fato de que a opção pelo novo espaço restringiu as possibilidades de ampliação da Vila Olímpica da Maré: a instituição possui alguns equipamentos, tais como piscina e quadras nas margens das favelas Baixa do Sapateiro, Nova Maré e Morro do Timbau, que é dominada por uma facção específica — Terceiro Comando. O fato dificulta para muitos moradores, em especial os adolescentes e jovens de Nova Holanda, Rubens Vaz, Parque Maré e Parque União — dominadas pelo Comando Vermelho —, o acesso aos benefícios da Vila Olímpica, pois há o temor de exercitar o direito fundamental de ir e vir, de circular nos diferentes espaços da Maré. No momento, há cada vez mais moradores dessas favelas frequentando a Vila Olímpica, principalmente adultos e idosos; mas para as crianças, adolescentes e jovens ainda há um grande receio.

> Nós aqui da Nova Holanda, Parque Maré e Ruben Vaz, onde tem o Comando Vermelho, praticamente não frequentamos a Vila Olímpica. Eu não deixo meus filhos irem lá fazer nenhum esporte, pois eu tenho medo de confundirem e matarem eles, só porque moramos aqui. Lá onde tem a Vila Olímpica, quem comanda é uma facção rival.
>
> **MORADORA DA NOVA HOLANDA, MÃE DE TRÊS CRIANÇAS, 2008**

O descontentamento com a mudança do local originalmente pensado para a construção do Batalhão na Maré foi tão sério que houve um protesto fechando as vias expressas Linha Vermelha e Avenida Brasil, duas das principais vias do Rio de Janeiro. A manifestação, realizada por moradores de localidades dominadas pelo Comando Vermelho, tinha como objetivo público reclamar pelo fato de o Prefeito, na ocasião César Maia, ter cedido ao Governo do Estado o terreno que seria para a ampliação da Vila Olímpica.

O protesto resultou em um enfrentamento dos moradores com a polícia, o que provocou vários feridos entre os moradores e a morte de um jovem de 22 anos.

Os meios de comunicação veicularam que o ato contra a construção do Batalhão na Nova Holanda teria sido incitado por traficantes do Comando Vermelho. Não se sabe ao certo se houve a participação de pessoas envolvidas com a facção criminosa na iniciativa, todavia era inegável o sentimento de frustração de uma parcela dos moradores por ver um equipamento público com uma função social considerada fundamental para a região ser substituído por outro considerado de utilidade discutível, devido às dúvidas sobre sua capacidade — ou interesse da Secretaria de Segurança — em reduzir as condições de violência da Maré.

Um argumento curioso no quadro da polêmica sobre o local adequado ao Batalhão na Maré foi utilizado pelo coronel Lucílio Mota Leal, responsável na época pela Comissão de Obras da Secretaria de Segurança Pública: questionado pela transferência do local inicialmente pensado, já que a colocação de um equipamento de segurança pública na chamada área de fronteira contribuiria para pacificar os grupos em conflitos, falando à imprensa no período, ironizou:

> O coronel afirmou que o primeiro terreno não tinha espaço suficiente para abrigar um batalhão com mil policiais. Ele disse também que a Secretaria de Segurança não legitima o argumento dos moradores que querem que o quartel seja instalado na chamada 'fronteira' entre as facções rivais. Consideramos que Terceiro Comando e Comando Vermelho são apenas autodenominações. O único CV que eu conheço é o Chapeuzinho Vermelho, das histórias infantis, afirmou.
>
> **FOLHA ONLINE, 06/09/2001**

O modelo de funcionamento do batalhão, inicialmente previsto para ser comunitário, foi sendo revisto ao longo de sua construção. Um evento contribuiu de maneira definitiva para a mudança de seu formato de funcionamento: no dia 17 de abril de 2003, um micro-ônibus com policiais do 22º batalhão que chegava à Baixa do Sapateiro, precisamente numa área denominada Praça do Dezoito, foi atacado por um bando, que disparou tiros contra o veículo. O motorista perdeu o controle da direção e caiu em um valão, deixando seis policiais feridos. Esse ataque gerou uma resposta violenta da polícia, que ocupou a favela, até conseguir prender os responsáveis pela afronta.

> Eu não estava aqui no período da inauguração do Batalhão da Maré. O que soube é que, após o micro-ônibus da polícia ser atacado por traficantes da Baixa do Sapateiro, o comando da Secretaria de Segurança Pública definiu que ele funcionaria como qualquer outro. Aquele incidente apressou a inauguração e a transferência do 22º Batalhão de Benfica para essa estrutura aqui.
>
> **COMANDANTE DO 22º BATALHÃO DE POLÍCIA**

O 22º Batalhão de Polícia da Maré foi o primeiro equipamento desse porte numa favela no Rio de Janeiro, talvez no país. Cabe salientar que o Batalhão está na Maré, mas sua área de abrangência é bem superior, atendendo um conjunto de bairros e favelas da região.

Apesar de ter modificado o seu modelo inicial, havia uma preocupação por parte da Secretaria de Segurança Pública de estabelecer algum tipo de relacionamento do batalhão com os moradores. No início do seu funcionamento, foi então organizada uma sala com computadores, a fim de oferecer cursos gratuitos na área de informática e acesso à internet para os moradores. O projeto, entretanto, não durou muito tempo, pois não houve adesão por parte dos moradores, que temiam frequentar o batalhão.

> Eu moro em frente ao batalhão. Logo que ele veio se instalar aqui, fiquei pensando por um momento que seria bom ter a polícia por aqui, porque os bandidos iriam ficar com medo de colocar boca de fumo aqui perto da minha casa. Mas, quando aconteceu dele começar a funcionar, eu vi que é um perigo morar tão perto dele. Hoje eu me sinto ameaçada e com medo de ficar na minha porta. Tenho medo de algum policial vir pedir alguma coisa e os bandidos acharem que eu tô caguetando, entende?
>
> **MORADORA DA RUA TANCREDO NEVES, EM NOVA HOLANDA**

A dificuldade de aproximação dos profissionais que atuam no batalhão com os moradores da Maré é algo muito profundo, sério e complexo. Está muito além da simples percepção de uma falta de entrosamento localizado, que pode ser superado através do estabelecimento de ações pontuais de assistência no campo social, por exemplo. É algo historicamente construído, entranhado e visceral, que domina os corpos e vai além da racionalidade.

> Eu não consigo imaginar os moradores respeitando a polícia e procurando ela para pedir ajuda em alguma coisa. Eu tenho medo da polícia. Eu acho que ela quando chega perto é só para ter algum tipo de vantagem. Eu cresci vendo a polícia bater em muitos moradores que não tinham documentos, que respondiam quando eram parados. Às vezes,

> via que 'o polícia' tinha raiva da gente. Eles nem olham direito na nossa cara. Já chegam falando alto, grosso e pensando que a gente aqui é bandido. Isso causa muita raiva, revolta; eu não sei pra que existe polícia!
>
> **MORADORA DA FAVELA PARQUE UNIÃO**

A questão fundamental se coloca no campo da legitimidade e da crença de que a polícia possa atuar de acordo com os interesses fundamentais dos moradores da favela. A mesma postura, como veremos com mais profundidade no desenvolvimento do trabalho, se manifesta na atitude dos policiais.

> Eu trabalho no Batalhão da Maré, mas não vejo esse batalhão como sendo da favela. Para mim, do jeito que a gente trabalha aqui, poderíamos estar em qualquer outro lugar. Eu não tenho a menor ideia do que acontece de fato aí dentro. Eles não vêm aqui e nós não vamos lá. Também não vejo como ser muito diferente. É impossível a polícia agir como deveria, pois a população aqui não quer uma polícia que aja com rigor e, de fato, cumpra o seu dever. Para eles, a polícia tem que ficar fazendo ação social, coisa que não é papel da polícia.
>
> **POLICIAL ATUANTE NO BATALHÃO DA MARÉ**

Como se pode ver nos discursos apresentados, há algo comum na fala do morador e do policial: ambos não acreditam que o trabalho da polícia possa ser útil e necessário aos moradores da favela. Na realidade, o morador da Maré não identifica qual seria o papel que a polícia poderia cumprir no sentido da segurança pública. Há um hiato profundo entre o que poderia ser o trabalho do policial e a demanda indiscutível dos moradores por segurança. Nesse caso, aparentemente, somente ações abrangentes, regulares e de longo prazo criarão as bases para a superação da relação histórica de desconfiança.

Da mesma forma, os postos eram mais frequentados pelos moradores, que iam fazer reclamações, as quais o policial tentava resolver ali mesmo ou, em algumas situações, prendia o acusado em um cárcere provisório, até ele ser levado à 21ª Delegacia de Polícia, onde são registradas as ocorrências da Maré. Apesar disso, o grau de autoritarismo e arbitrariedade era muito presente e dominava muitas práticas policiais, o que indignava a população:

> Quando eu era criança, tinha um posto policial bem próximo a minha casa. Eu vi muitas coisas acontecerem lá, tanto para o bem quanto para o mal. Certa vez vi um policial parando um rapaz que estava passando em frente ao posto. Quando o rapaz parou, ele mandou o rapaz levantar as mãos e começou a revistar os bolsos e tudo que ele tinha. A seguir, o policial baixou as calças do rapaz, fazendo ele ficar só de sunga no meio da rua. Nossa, eu fiquei assustada, vendo a hora do rapaz se revoltar e começar a maior briga. Pensa só que falta de respeito e que vergonha o policial fez o morador passar: ele teve de abotoar as calças e pegar tudo que tinha na mochila, inclusive a marmita, pois estava chegando do trabalho.
>
> **MORADORA DA NOVA HOLANDA**

> Uma vez, entraram no posto policial e roubaram as armas dos policiais e mais alguma coisa; depois, prenderam os policiais com cordas nos postes em frente ao posto. Para tirar os policiais dos postes, foi preciso vir um camburão correndo. Achei bem feito para os policiais. Eles batiam muito nos moradores.
>
> **MORADORA DA NOVA HOLANDA**

Os Postos de Policiamento Comunitário (PPCs) ainda existentes perderam, de qualquer forma, todo o sentido de um equipamento de segurança pública, que deveria ser o primeiro espaço de contato dos moradores com a polícia. Em vez dessa função, os postos existentes são locais degradados — alguns profundamente insalubres. Os policiais não possuem condições dignas de trabalho, permanecendo no horário do plantão — no caso da estrutura da Vila João, por exemplo — dentro do local, fechados com o cadeado no portão, sem qualquer contato com a população, que também não se aproxima do local. Uma situação incompreensível, pois seria necessário e positivo ter postos avançados qualificados de policiamento dentro das favelas, que oferecessem suportes para um leque de ações integradas, além de estabelecerem uma relação orgânica com os moradores.

Os policiais do batalhão não circulam à noite e a maior parte não atua na área da Maré. Eles entram e saem, em geral, pela Linha Vermelha e, portanto, não têm relação alguma com a vida cotidiana local. O contato normalmente é estabelecido nos momentos em que realizam alguma operação na favela, situações sempre marcadas pela tensão e temor.

> Eu confesso que trabalho aqui no PPC com medo. Tenho medo de entrar aqui e sair morto. Me pergunto o que eu estou fazendo aqui, já que ficamos acuados. Os moradores não vêm aqui. Nós também não temos nada para fazer, a não ser quando há algum conflito na comunidade e nós somos uma espécie de retaguarda para os policiais em determinadas operações pontuais. Fora disso, a gente fica aqui sem nenhum apoio, sem poder sair na rua e com uma estrutura que é humilhante para um policial.
>
> **SARGENTO LOTADO NO 22º BATALHÃO DE POLÍCIA**

> Eu trabalho aqui nesse batalhão desde que ele se mudou de Benfica. Vi como tudo foi feito desde o início. Pra te dizer a verdade, gosto muito de trabalhar aqui. O clima de trabalho é bom, tenho muitos amigos. O problema todo que eu vejo é que ele está muito mal localizado. Colocar um batalhão num lugar de alta periculosidade é de matar. Às vezes a gente tá aqui dentro e escuta rajadas de tiros. Qual seria o certo? A polícia ir lá e ver o que está acontecendo. Mas a gente não pode fazer isso. Se a gente for lá, acaba aumentando o conflito. Então a gente que vê isso, sabendo que deveria ser diferente, fica muito descrente.
>
> **SOLDADO DO BATALHÃO DA MARÉ**

As informações sobre ocorrências que chegam ao batalhão são feitas através de telefonemas, normalmente anônimos. É raro encontrar moradores da Maré dentro do batalhão. A movimentação de quem precisa ir até lá, o que inclui os residentes, é feita através da porta de entrada pela Linha Vermelha. Os oficiais entrevistados foram unânimes em dizer que nunca foram procurados pelos moradores para reclamar de nada. Todo o registro de chamada do batalhão para atuar em alguma situação de violência que tenha ocorrido chegou à unidade através de chamadas telefônicas.

> Não me lembro de ter visto morador aqui da Nova Holanda, por exemplo, vir aqui fazer nada. Estou aqui desde que o batalhão foi trazido pra cá e nem quando tinha a sala de informática o pessoal da favela vinha ter aula aqui. Eles têm medo. Eles sabem que, se vierem aqui, os bandidos podem pensar que eles estão fazendo algum tipo de denúncia. Agora, eles fazem ligação pro batalhão, para falar de guerra entre traficantes. Quando um grupo tenta invadir uma área que não é a dele, fica um tumulto danado; eles ligam para pedir que a polícia não deixe o outro grupo entrar. Quando teve a invasão lá do Timbau pelo CV, os moradores de lá não paravam de ligar para pedir que a gente fosse lá e tirássemos eles. Só nessas horas é que eles se lembram da nossa existência.
>
> **POLICIAL NO BATALHÃO DA MARÉ**

É sabido que o batalhão não seria o órgão responsável pelo atendimento ao público, quando este precisasse realizar uma queixa; na realidade, este local é a Delegacia de Polícia. Ocorre que, nas favelas, essas estruturas da Polícia Civil não existem. No caso da Maré, a delegacia mais próxima fica em Higienópolis — a 21ª DP. Em épocas passadas, os Postos de Policiamento Comunitário cumpriam o papel de recepção das demandas dos moradores, mas, com o tempo, foram perdendo essa função.

> Eu já trabalho nessa área há 25 anos. Eu era policial no Posto Policial da Nova Holanda, quando fechou. Antigamente, a gente conhecia os moradores e sabia quem era honesto e trabalhador e quem não era. Quando um marido batia na mulher, ou quando dois vizinhos brigavam, eles todos corriam lá no Posto Policial. E quando o marido chegava bêbado em casa e chegava querendo bater na mulher, era lá para o Posto que a mulher corria. Aí, a gente ia na casa do morador, trazia o cara e colocava ele no xadrez. Nós tínhamos umas duas celas no Posto da Nova Holanda. Se o caso era grave, a patrulhinha vinha e levava até a 21ª DP. Hoje em dia, eu não sei mais quem mora aí dentro. A gente não pode mais se mostrar para o morador. Eu mesmo tenho medo de entrar aí dentro. Eu agora trabalho no trânsito lá em Benfica e estou fora dessas operações dentro de Favela.
>
> **PRAÇA DO BATALHÃO DA MARÉ**

Os procedimentos para o recebimento das demandas dos moradores da Maré relativas à área de segurança pública são bastante confusos no momento. Determinadas reclamações e violações, que em outras áreas da cidade chegariam até a delegacia, no caso da favela não acontecem da mesma forma. No caso do policial, há um juízo sobre que tipo de reclamações o morador faria numa delegacia e isso leva a uma crença de que não adianta a colocação de determinados órgãos de acesso à Justiça nas áreas pobres da cidade, já que não haveria demanda da população para esse tipo de atendimento. Esse fato é bastante contraditório, uma vez que são nessas áreas que a violação de direitos é mais acentuada.

No caso do morador, há ressentimento e falta de confiança de que as suas demandas possam ser atendidas. De fato, o morador tem medo de chegar até o batalhão para pedir ajuda. O discurso mais presente é de que não adianta eles irem até a delegacia reclamar, porque ali eles são tratados como se fossem os criminosos, como se tivessem cometido um delito. E se for o caso de uma reclamação relacionada à forma como a polícia age, posteriormente, esses mesmos policiais poderiam fazer algum tipo de represália.

No caso dos traficantes, eles podem considerar que estão indo ao batalhão para fazer alguma denúncia relacionada a eles. Esse é o juízo mais comum dos moradores, e também dos policiais.

> Não consigo ver como os moradores da Maré podem vir até nós para reclamar. Eles, muitas vezes, nem sabem do direito que têm. Eles não podem falar quando o tráfico obriga eles a fazerem certas coisas, ou quando entra na casa deles sem permissão, por exemplo. Na verdade, existe, sim, uma conivência dos moradores com o tráfico. Não estou dizendo que seja algo que eles gostem, mas acabam se acostumando e aceitando isso numa boa.
>
> **OFICIAL NO BATALHÃO DA MARÉ**

> Eu já precisei ir até a polícia para fazer queixa umas duas vezes, desde que moro aqui na Maré. Mas eu te digo: fiquei sem saber aonde ir. No batalhão, eu não entro. A delegacia é muito longe. O meu marido já tentou me bater duas vezes, quando chega bêbado, e já gastou quase todo o salário nos botequins fazendo farra. Da última vez, eu tive que bater nele com o cabo da vassoura, pra ele sossegar. Eu pensei: será que eu devo ir no batalhão falar com o polícia, para conversar com o meu marido, ou vou logo na boca falar com os meninos? Da última vez que isso

> aconteceu, eu conversei com a minha patroa e ela me disse que eu deveria ir na Delegacia de Mulheres. Eu nem sabia que isso existia. Eu fui lá, sim, mas fiquei com medo dele ir reclamar na boca que eu estava chamando polícia.
>
> **MORADORA DA MARÉ**

Nesse quadro, no caso desses equipamentos da Maré, cabem algumas perguntas básicas. Se existe uma dificuldade real de entrada e saída dos policiais nas favelas, em função do conflito com os integrantes das facções criminosas, por que colocar policiais para plantões, inclusive durante a noite, nesses espaços? Qual a função dos PPCs, se os mesmos não se integram a um trabalho maior que a polícia poderia realizar na Maré? Principalmente, por que manter estruturas estatais que desperdiçam recursos, colocam a vida de profissionais em risco e não desenvolvem nenhuma das ações para as quais foram originalmente criados? São muitas as questões que emergiram durante as visitas aos PPCs na pesquisa de campo. Foi sem dúvida uma experiência inquietante constatar que a simples existência de estruturas públicas, mesmo que precárias, não são suficientes para garantir, pelo menos dentro de favelas, que os serviços sejam efetivamente prestados. É lamentável ver os recursos públicos, diante de tantas necessidades no próprio campo da segurança pública, gastos de maneira tão inútil e sem qualquer controle sobre os seus resultados concretos.

FOTO: DOUGLAS LOPES

6

A DESIGUALDADE HISTÓRICA NO ACESSO AOS DIREITOS

Um olhar atento sobre o processo de constituição da sociedade e do Estado brasileiros nos revela como práticas estabelecidas ao longo da história estão impregnadas por princípios e fundamentos dominados pela naturalização da desigualdade de acesso dos distintos grupos sociais do país ao patrimônio público e aos direitos plenos de cidadania.

No que diz respeito ao processo de constituição do Estado brasileiro, sua marca emblemática é o confuso entrelace dos interesses públicos e privados. Como bem diz José de Souza Martins (1994, p. 20), "a política do favor, base e fundamento do Estado Brasileiro, não comporta distinção entre o público e o privado". A confusão entre essas instâncias se inicia com a chegada dos portugueses, tendo em vista a identificação das novas terras como parte dos bens da Coroa, que se confundia com a coisa pública, não havendo espaço para a noção de bens que pertenceriam ao povo. Essa identificação avançou com a criação das capitanias hereditárias e a concessão de poder absoluto aos seus proprietários, inclusive sobre os que nelas viviam. Esse processo de construção de uma ordem sustentada na desigualdade tem como base de (re)produção a própria definição e reconhecimento de quem podia desfrutar dos bens públicos. Segundo Martins:

> [...] a concepção de pessoa, como sabemos, estava limitada aos brancos, católicos, puros de sangue e puros de fé. Os impuros, isto é, os mestiços, os escravos indígenas, os escravos negros, mas também os mouros e judeus, estavam sujeitos a uma gradação de exclusão que ia da condição de senhor de patrimônio à condição de patrimônio do senhor (Martins, 1994, p. 22).

Assim, o futuro Estado brasileiro vai nascendo como um instrumento clássico, como afirmaria Karl Marx, de garantia do poder de um ator social específico, no caso da Colônia brasileira, o oligarca patriarcal. Por conseguinte, os movimentos libertários presentes na história social nacional têm como meta fundamental romper com a tradição oligárquica e construir, mesmo que de forma nem sempre consciente, arranjos institucionais republicanos, adotando-se diferentes sentidos para o termo no processo histórico, de acordo com as identificações ideológicas dos grupos e indivíduos. Nessa busca, distintas alianças foram construídas, sendo a nossa história marcada até hoje pelos avanços e recuos nesse processo de ruptura com o patrimonialismo presente na estrutura estatal e social brasileira.

Na mesma direção, Sérgio Buarque de Holanda, em seu clássico livro *Raízes do Brasil*, de 1936, faz uma análise do processo de modernização do país no qual também constata, desde sua gênese, o entrelaçamento entre o público e o privado. O autor critica essa relação promíscua, considerando que o Estado não poderia ser uma continuidade da família, em particular das dominantes. Não deveria haver, segundo ele, "uma gradação, mas antes uma descontinuidade e até uma oposição entre o círculo familiar e o Estado" (Holanda, 1995, p. 141). O autor afirma, então, que:

> [...] as relações familiares, baseadas numa família patriarcal, com preceitos rurais e coloniais, seriam muito negativas no tocante à formação de homens responsáveis. É comum

> vermos até hoje homens com funções públicas que não sabem separar o público e o privado. Falta o ordenamento impessoal que caracteriza a vida no Estado burocrático (Holanda, 1995, p. 147).

Contribuiu para a constituição dessas relações institucionais a formação de um ser social, definido por Holanda como o homem cordial. O adjetivo não pode, todavia, ser confundido com civilidade ou polidez; ele está mais próximo do sentido de *cor*, *cordes* (coração): do plano da emoção. Designaria um ser que não estabelece relações a partir de um plano comum de direitos e deveres universalizados e publicizados, mas a partir de vínculos marcados pela dependência e pelo estabelecimento de espaços sociais definidos nas relações; um homem que seria o produto/produtor de formas específicas de materialização das organizações estatais.

Holanda considera que a figura do rei, no que diz respeito a Portugal, teria tido um papel fundamental na construção dessa arquitetura social. Com efeito, no período colonial brasileiro, os vínculos entre o soberano e seus súditos eram caracterizados por diferentes formas de interdependência, situação que tendia a gerar frequentes conflitos e instabilidades. Assim, o acesso à terra, por exemplo, era realizado tendo como critério o reconhecimento de préstimos feitos à Coroa; ou seja, cabia ao rei arbitrar quem podia ser beneficiado e, portanto, obtinha-se uma recompensa, uma cortesia, e não um direito substantivo sustentado em princípios para além da vontade do soberano absoluto. Nesse caso, em certa medida, é impossível não nos remetermos ao poder autocrático dos chefes dos grupos criminosos nas favelas do Rio de Janeiro.

Diante do ordenamento assinalado, o processo de conquista de direitos dos segmentos sociais dominados muitas vezes aproveitava situações ocasionais de conflitos entre as diversas frações dos grupos sociais dominantes. Nesses embates, todavia, a correlação de forças nunca foi alterada ao ponto de se colocar em questão o acesso privilegiado dos grupos mais ricos e poderosos aos bens estatais. Assim, durante séculos, a maioria da população continuou excluída da partilha dos bens fundamentais da Nação. Nesse sentido, Sérgio Buarque de Holanda vai afirmar que os movimentos sociais voltados para o reordenamento da sociedade e do Estado ocorridos no Brasil foram, em geral, de cima para baixo, sem envolvimento real do povo.

A assertiva pode, contudo, ser relativizada e considerada em outra direção: os grupos sociais subalternos historicamente quase sempre identificaram o Estado como uma força repressora a serviço dos interesses dominantes. Desse modo, muitos movimentos que colocavam em questão a ordem social não tinham como objetivo a reforma do Estado, mas a ação para além de suas estruturas. Os quilombos, as fortificações das missões jesuíticas, com todas as suas contradições, e os movimentos milenaristas (Contestado e Canudos, entre outros) não colocavam em questão o Estado, nem mesmo buscavam que ele assumisse outro papel. Simplesmente o viam como adversário e, sempre que possível, o ignoravam. Não por acaso, a ordenação moderna das favelas e das ocupações de terra, urbana ou rural, afirmadas pelos grupos sociais mais pobres têm, em geral, o Estado como adversário ou como um ator indiferente às demandas históricas dessas populações.

Victor Nunes Leal, em 'Coronelismo: enxada e voto' (1960), descreve e analisa a estrutura da sociedade brasileira no período da Primeira República (1889-1930) a partir de relações oligárquicas materializadas na figura do coronel. O autor analisa o papel que o personagem símbolo daquele período cumpria na teia de relações governamentais municipais, estaduais e federais. Para ele, o coronelismo é resultado, no quadro de instalação da República, do surgimento de um novo ator na cena política: os governadores de Estado. Eles são fundamentais para o fortalecimento do poder estatal — e para a perda de poder privado e absoluto —, com fortes características feudais dos donos de terras, fundado basicamente nas relações familiares.

Os governadores eram escolhidos pelos partidos, estabelecendo-se pactos de poder que envolviam os grupos dominantes nacionais, estaduais e municipais em uma cadeia estável de apropriação e privatização dos recursos públicos, tanto no plano material como no simbólico. O alicerce de sustentação do coronelismo era a estrutura agrária do interior do Brasil, caracterizada pela imensa concentração da propriedade nas mãos de poucos proprietários, com a manutenção dessa estrutura fundiária fazendo parte do pacto entre os grupos políticos urbanos e rurais. Nem mesmo a dita Constituição Cidadã, promulgada em 1988, conseguiu romper definitivamente esse histórico acordo de classes.

Victor Leal considera que, diante da ausência do Estado, eram os coronéis as únicas alternativas de assistência às populações rurais. Falando de outra forma: funcionavam como mediadores locais frente à falta de vocação do Estado para garantir, de forma republicana, um mínimo social àquelas populações. Essa ausência era funcional para a manutenção da ordem política e social, pois permitia que esse tipo de relação de clientela se estabelecesse e desse suporte ao sistema político de troca de favores tão característico da época — e que ainda hoje sobrevive, sob novas ou antigas formas, na vida política brasileira. Dessa maneira, o "coronelismo se expressava como o resultado da superposição de formas desenvolvidas do regime representativo a uma estrutura econômica e social inadequada" (Leal, 1997, p. 40).

Da relação de ajuda mútua entre fazendeiros e grupos partidários que controlavam o governo, em seus variados níveis, surgiram práticas autoritárias e particularistas, como o 'mandonismo' e o 'filhotismo'. O tratamento da coisa pública como objeto exclusivo dos setores dominantes gerava uma incapacidade absoluta das instituições estatais de ampliarem seu papel e atenderem a direitos sociais básicos dos grupos populares. Isso acontecia também, mas em menor escala, nos centros urbanos. Na ausência de uma tradição coletiva de organização e de instrumentos políticos abrangentes, o coronelismo se consolidou como um instrumento fundamental de ordenação da vida social. Graças a ele, a República pouco alterou a dinâmica de produção da desigualdade presente nos períodos históricos anteriores; pelo contrário, em certa medida, ela foi proclamada para garantir os processos de dominação existentes.

Mais importante do que a chegada da República foi a abolição da escravidão. A exposição até aqui feita evidencia por que o Brasil foi o último Estado-nação a manter milhares de pessoas na condição de trabalhadores escravizados, no limiar do século XX.[24] De qualquer forma, a abolição foi um divisor de águas no plano político e econômico, embora o mesmo não possa ser dito no plano social. A proibição do tráfico negreiro e a chegada de trabalhadores livres liberaram grandes somas de capital para o investimento na produção cafeeira, na produção industrial, na criação de infraestrutura logística e na estrutura urbana.

Nesse processo, as cidades ganharam, progressivamente, autonomia em relação ao meio rural, com a emergência de atores sociais que começaram a colocar em questão as estruturas tradicionais de poder e a subordinação do Estado aos interesses das oligarquias

---

24 Em 12 de abril de 2006, foi publicado, na seção de opinião do Jornal *O Globo*, um artigo de um empresário afirmando que boa parte dos problemas atuais do Brasil decorre de dois equívocos da lei da abolição: não ter sido adiada alguns meses, a fim de garantir a coleta de café, e de não ter previsto a indenização para os senhores dos escravizados. E nada disse o cidadão, entretanto, sobre os direitos dos ex-escravizados à indenização e acesso a outros bens sociais. A ausência de qualquer indenização para os ex-escravizados, a dificuldade de acesso à terra e à escola e o preconceito e o estigma em relação às suas práticas culturais tornaram o processo de melhoria das condições de vida da população negra e a defesa de sua identidade cultural uma luta hercúlea, que ocorreu, em geral, em oposição à ordem e às instituições estatais vigentes. A dinâmica de tensão entre os grupos subalternos negros e a ordenação social e territorial afirmada pelas organizações estatais vigora, em grande medida, ainda hoje, e é uma variável fundamental no contexto de violência e luta social presentes nas favelas e periferias.

tradicionais. Esses setores ampliaram paulatinamente o seu poder de pressão política no processo de instauração e consolidação da República. Com isso, novos pactos são construídos, embora tenham como característica o fato de serem realizados entre os setores sociais dominantes, tanto os presentes no Estado como os que dominavam o campo econômico. O principal acordo entre os grupos dominantes urbanos e rurais, que permitiu a industrialização do país e garantiu parcelas significativas do poder político e econômico para as oligarquias rurais, foi estabelecido a partir da revolução de 1930, dirigida por Getúlio Vargas.

Dessa forma, os pactos firmados pelos grupos dominantes urbanos e rurais nos séculos XIX e XX, especialmente a partir da revolução de 1930, modernizaram o país, em particular no campo industrial, sem modificar as relações sociais e culturais, que alimentam a desigualdade explicitada de forma tão visível nos campos da política e da economia. Foi estabelecido, assim, um moderno e sofisticado processo de reprodução da desigualdade, com novas formas de legitimação discursivas.

A clivagem temporal se expressa através de um corte linear entre a tradição e o moderno, entre o passado e o presente. Nesse paradigma, pressupõe-se que as dificuldades de construção de um país moderno, republicano e dominado pela lógica burocrática, no sentido weberiano, decorrem da incapacidade dos grupos sociais dominantes e dominados de afirmar um projeto de nação que vá além de privilégios, vantagens localizadas e direitos privatizados.

A riqueza interpretativa dos conceitos elaborados por autores do porte de Sérgio Buarque de Holanda, Victor Leal, José de Souza Martins, assim como Caio Prado, Gilberto Freyre, Florestan Fernandes, entre outros teóricos que se inscrevem no que ficou conhecido como o paradigma da modernização brasileira, é enorme e valiosa.

Essa riqueza, todavia, me pareceu insuficiente para explicar a dinâmica de constituição brasileira em termos temporais, no caso, modernidade e tradição, e espaciais, que dizem respeito às relações regionais. Do mesmo modo, não me parece que as formulações dos autores citados deem conta da complexidade nas relações entre os grupos sociais dos grandes centros urbanos atuais, em especial entre os múltiplos grupos dominantes e dominados socialmente.

Por mais importante que seja o peso das práticas históricas, não pode ser apenas uma questão de consciência residual patrimonialista o elemento central no desenvolvimento de práticas privatizantes e o uso do Estado para fins próprios. Basta pensar nas recorrentes denúncias de escândalos sobre o uso indevido de recursos públicos por partidos políticos franceses, israelenses, canadenses etc., para demonstrar que a confusão entre público e privado, entre interesses globais e particulares se manifestam também em países com histórias bem distintas da experimentada pelo Brasil. Na verdade, o que se coloca muitas vezes por trás da explicação de uma dicotomia entre moderno e arcaico, no caso brasileiro, é a manifestação de uma lógica preconceituosa e instrumentalizadora nas relações políticas e sociais entre os grupos de poder da sociedade brasileira, como exemplificaremos a seguir.

Não por coincidência, e levando-se em conta os estudos de Bourdieu sobre os gostos e estilos de vida das classes sociais na França,[25] há uma grande semelhança entre os pressupostos dos nossos teóricos da modernização e entre aqueles que o sociólogo francês situa como uma fração da classe dominante do país, os tecnocratas. O autor revela como seu discurso se estrutura a partir de dois polos de oposição: passado/presente ou tradicional/moderno. Considerando a influência do pensamento francês no processo de estruturação da universidade brasileira, durante a década de 1930, é possível identificar as referências de origem no processo de produção do paradigma em pauta.

---

25 Cf. Bourdieu. Gostos de classes e estilos de vida. In: Bourdieu (1994).

DIREITO A V

Cortejo da campanha "É Preciso Estar Vivo Para Viver", nas ruas da Maré, em fevereiro de 2023, organizado pela Redes da Maré.
FOTO: DOUGLAS LOPES

A clivagem temporal — passado *versus* presente — foi acompanhada, nesse caso, pela clivagem espacial — tradicional *versus* moderno. Nesse sentido, temos a utilização das referências interpretativas dicotômicas que não apenas a relação presente-passado, mas também a relação regional. De fato, foi produzida a partir dos anos 1930 a ideia da existência de dois Brasis, noção que dominou o pensamento político e econômico nacional por décadas.[26] Tínhamos, nessa proposição, a mesma relação dicotômica entre moderno e arcaico, entre a lógica burocrática moderna e o patrimonialismo etc., expressa naquele contexto pelo Centro-Sul rico, urbano e avançado, em oposição ao Norte/Nordeste pobre, problemático, rural e arcaico. Logo, por exemplo, certas práticas e alianças de partidos políticos considerados modernos foram e são justificadas em função do pretenso atraso dos grupos políticos de outras partes do país. Da mesma forma, ainda se fazem práticas empresariais distintas, efetivadas tanto por grandes empresas do centro comum-sul como multinacionais, caso o território de atuação seja a região Sudeste ou a região Norte, em especial.

Francisco de Oliveira, em sua clássica obra 'Elegia de uma re(li) gião' (1977), realiza apurada crítica da pretensa existência desses dois mundos brasileiros distintos, mostrando a funcionalidade das relações entre as regiões brasileiras, em particular entre Sudeste e Nordeste, os vínculos entre os processos de desenvolvimento e subdesenvolvimento, bem como as relações de transferência de recursos econômicos e de riquezas das áreas mais pobres para as mais ricas. A partir de um rico leque de exemplos, Oliveira irá demonstrar a impossibilidade de pensar de forma dicotômica o processo desigual, mas combinado, de construção da ordem econômica, social e cultural brasileira contemporânea.

---

26 O termo foi difundido através de trabalho de Pierre Lambert, professor francês que trabalhava na USP no período.

Um terceiro limite no campo das referências interpretativas sobre o processo de constituição da sociedade brasileira moderna é a clivagem social. Temos, no caso, a afirmação de uma premissa norteadora dos estudos e proposições denominada por Silva (2002, 2005) de *sociocêntrica*. Para o autor:

> [...] o 'sociocentrismo' se materializa quando, a partir dos padrões de vida, valores e crenças de um determinado grupo social, se estabelece um conjunto de comparações com outros grupos, colocados, em geral, em condições de inferioridade. Os discursos estabelecidos em relação aos espaços populares e seus moradores seguem esse padrão. Eles são definidos, em geral, por suas ausências, devido ao fato de não serem reconhecidos como espaços e cidadãos legítimos (Silva, 2002, p. 67).

Quando olhamos para a construção das teorias da modernização brasileira, evidencia-se essa lacuna: é muito frágil o reconhecimento das contradições sociopolíticas presentes na dinâmica de constituição da atual realidade social. Geralmente, os autores não identificam e reconhecem as lutas históricas dos diversos grupos sociais populares no sentido de construir sua efetiva emancipação e sua constituição como sujeito de direitos: a profusão de quilombos e revoltas, espontâneas ou organizadas, no passado; a construção das favelas e outros *habitats* populares no presente; a luta histórica pelo acesso à terra, de diversas formas, e aos serviços e equipamentos sociais, tais como escola, saneamento, energia, asfalto etc.; a afirmação do direito ao trabalho, mesmo que informal; a participação na organização de partidos e sindicatos com forte base social etc. Todas essas foram e são, em suas multiplicidades e diferenças, práticas efetivas de afirmação de um lugar social, da busca de uma visibilidade da existência que não se subordina aos parâmetros dominantes, e na quais se constroem condições próprias de sociabilidade.

Nesse sentido, o fato das classes populares assumirem uma posição subordinada no mundo social formal, definido a partir do Estado Racional e do Mercado competitivo, não significa a exclusão do mundo social como um todo. Na verdade, o mundo não se esgota nesse mercado e neste Estado específicos, pois eles não são monolíticos ou sinônimos da totalidade da realidade social. É possível afirmar, na verdade, que existe nesses grupos populares a afirmação cotidiana, via prática social e não via consciência da condição de cidadão.

Essa condição não é concedida pelas instituições estatais, mas é construída na luta pela vivência do cotidiano. Assim, a cidadania não é algo para a qual o indivíduo se prepara (ou é preparado), que se resgata ou 'vem no processo'; ela é exercida desde o ingresso do ser humano no mundo social. Desse modo, a ocupação da terra para plantar e habitar, a ocupação das ruas para se trabalhar, na ausência de outras possibilidades melhores, e a criação de instituições comunitárias para se reivindicar, entre muitas outras iniciativas, são expressões profundas de uma cidadania em ato, em permanente (re)criação.

Sem essa interpretação, corremos o risco de ver, por um lado, os grupos sociais populares como vítimas passivas de um processo histórico cruel, que transforma nosso país, e tantos outros da 'periferia', em expressões maiores da injustiça, da violência e da desigualdade. E, por outro, a percepção de que não teriam responsabilidades pelas transformações que ocorrem na vida institucional brasileira. Na verdade, há força, vitalidade e movimento no mundo social, marcado pelo conflito e pela luta.

Outro aspecto a se considerar, quando se trata de conquista dos direitos civis e políticos, é o que isso significou, a partir do século XIX, para a materialização progressiva de uma sociedade brasileira democrática e capitalista. Para o conjunto da população que historicamente sofre com a desigualdade social, a falta de acesso a novos equipamentos e a serviços públicos de variadas ordens, assim como ao direito pleno ao voto, por exemplo, permitiu uma significativa autonomia em relação às formas políticas de relações clientelistas e fisiológicas.

Além disso, cabe destacar o processo ampliado de republicanização do Estado brasileiro, inegável especialmente após a derrocada da ditadura militar, na década de 1980. Ele vem se concretizando em função também das lutas dos grupos sociais populares, criando condições para que novos espaços de direitos sejam conquistados pelos cidadãos. Esse processo envolve e é impulsionado, ainda que de forma periférica, por integrantes dos grupos sociais populares, que, desse modo, ampliam de forma continuada as possibilidades de exercício de seus direitos sociais.

Concluindo o item, evidencia-se nossa busca em construir uma leitura do processo de constituição da realidade social brasileira a partir da tensão entre a afirmação da desigualdade e as lutas para superá-la. Essa tensão, em geral ignorada pelos 'teóricos da modernização', alimentou o processo de construção das estruturas centrais do Estado e da sociedade brasileira. Essa tensão se reflete de maneira profunda na forma como as organizações do Estado se relacionam com os grupos sociais, em especial os populares.

FOTO: DOUGLAS LOPES

7

AS PRÁTICAS DO BRAÇO ARMADO DO ESTADO NAS REGIÕES PERIFÉRICAS

Dizem que ela existe pra ajudar
Dizem que ela existe pra proteger
Eu sei que ela pode te parar
Eu sei que ela pode te prender
Dizem pra você obedecer
Dizem pra você responder
Dizem pra você cooperar
Dizem pra você respeitar
Polícia! Para quem precisa de polícia!

TITÃS

Apenas mais uma abordagem policial na favela

Mais uma de tantas outras investidas da polícia, dessa vez a Civil, em Nova Holanda. A data foi 20 de setembro de 2008. O seu intuito seria encontrar os responsáveis pela morte de um policial civil que havia sido assaltado e assassinado dois dias antes, quando chegava a sua residência, na Ilha do Governador — os assassinos foram, posteriormente, encontrados em uma localidade de Duque de Caxias, cidade da Baixada Fluminense. O carro do policial fora encontrado no Morro do Timbau, uma das favelas da Maré dominada por uma facção criminosa inimiga da de Nova Holanda, o que torna a ação ainda mais incompreensível. Presencio, como em diversas outras vezes, a maneira agressiva e rígida, por parte dos agentes da segurança, de abordarem os moradores.

O dia era um sábado. Era de manhã e fazia um forte calor. As ruas estavam bem movimentadas com feira livre semanal em plena atividade, quando chegou a CORE, núcleo de elite da Polícia Civil, ocupando com armas em punho a rua principal da favela. Os policiais olhavam com temor e tensão para todos os lados; abordavam transeuntes; paravam carros, entravam nos comércios.

Em todos os casos, pediam para verificar a documentação. Os profissionais tinham uma atitude fria e agressiva diante das pessoas, que eram, em princípio, suspeitas de algo desconhecido por elas.

Eu estava em frente à sede da Redes da Maré, conversando ao telefone, quando se aproximou de mim um policial usando uma touca, com uma enorme arma, se posicionando bem próximo, a fim de escutar o que eu falava. Essa atitude me irritou a princípio, e quando desliguei o telefone ele me olhou e indagou se eu tinha identidade. Respondi que sim e que ela estava em minha bolsa, no escritório da Redes da Maré. Ele, então, de modo enfático e agressivo, disse que eu deveria andar com meu documento de identidade. Perguntei por qual razão ele estava sendo agressivo e falando num tom tão elevado comigo. Ele voltou então a perguntar onde eu trabalhava e o que estava fazendo ali. Mais uma vez eu disse que trabalhava na Universidade e também na Redes da Maré, com projetos sociais. Ao me ouvir, o policial, num tom ainda mais alto, retrucou:

— Você acha que eu estou fazendo o que aqui nessa merda de lugar em vez de estar com a minha família?

Senti-me, naquele momento, muito agredida, e disse para ele:

— Certamente, o senhor preferiria estar com a sua família em vez de estar aqui neste momento, mas penso que as famílias que aqui residem gostariam de ser tratadas de outra maneira, no mínimo com mais respeito, ou o senhor acha que aqui não existem pessoas de bem?

Naquele momento o policial ficou furioso; outro profissional, que se encontrava próximo, retrucou:

— Ela deve ter vindo aqui buscar maconha.

Neste momento, fiquei ainda mais indignada:

— Sobre o que o senhor está falando? — perguntei. O senhor pensa que aqui não tem pessoas de bem? Pessoas como eu não poderiam fazer aqui outras coisas que não fossem buscar drogas? — indaguei.

O clima ficou bem tenso e o policial que havia me abordado decidiu ir embora, afastando o colega de trabalho que já se encontrava bem na minha frente.

Essa experiência particular, de certa maneira corriqueira nas abordagens feitas pelos policiais nas favelas, confirmou para mim a prioridade que deve ser dada às reflexões sobre as práticas profissionais de segurança pública na cidade, especificamente quando se trata da ação policial em determinadas regiões. Policiais que são, em geral, também oriundos de regiões periféricas, dominadas por diversas formas de ação violenta do aparato estatal de segurança pública. Para isso, todavia, não basta permanecer no mapeamento das representações e práticas presentes; é necessário buscar as bases culturais e históricas dessas ações, que colocam, muitas vezes, oprimidos contra oprimidos; moradores negros das periferias contra seus pares, em termos sociais.

* * *

A Polícia Militar é um ator fundamental na construção da relação contraditória do Estado com os grupos sociais populares. O artigo 144 da Constituição da República Federativa do Brasil, de 1988, regulamenta a segurança pública como "dever do Estado, direito e responsabilidade de todos, é exercida para a preservação da ordem pública e da incolumidade das pessoas e do patrimônio".

A execução deste trabalho é atribuída às polícias Federal, Rodoviária, Ferroviária, Civil, Militar e ao Corpo de Bombeiros. No caso da Polícia Federal, cabe, dentre outras funções, investigar crimes em âmbito nacional ou internacional que envolvam o tráfico de drogas, o contrabando, bem como crimes relacionados à sonegação de impostos, controlando, ainda, ações em áreas de fronteiras, aeroportos e no mar. As polícias Rodoviária e Ferroviária têm como principal tarefa o patrulhamento de rodovias e ferrovias federais, respectivamente.

Já a Polícia Civil, assim como a Militar e o Corpo de Bombeiros, está subordinada ao Poder Executivo estadual e tem como função central a investigação de crimes no âmbito de cada unidade federativa, auxiliando o Poder Judiciário no processo de cumprimento das leis. Considerada uma força auxiliar do Exército Brasileiro, a Polícia Militar é responsável pelo policiamento ostensivo das vias públicas e é comandada por um oficial com posto de coronel, o Comandante Geral.

É esta corporação o foco deste livro, já que ela é a principal força na área de segurança estatal a atuar nas favelas do Rio de Janeiro. Dessa maneira, as entrevistas, observações e vivências refletidas aqui priorizam o entendimento e a identificação do relacionamento possível, ao longo do tempo, entre moradores de favela e essa organização do Estado.

No Brasil, a polícia se confirmou como força autônoma no processo de transição de Colônia a Estado independente, a partir de 1822. A instituição policial, como a concebemos, é uma invenção dos tempos modernos, originalmente de países da Europa

Ocidental no final dos séculos XVIII e XIX. Idealizada numa ótica liberal, tinha como objetivo criar formas de ordenamento e punição para os crimes a partir de parâmetros racionais, rompendo com a lógica religiosa e punitiva, expressa pela tortura em praça pública, utilizada no período medieval. Para isso, foi iniciado o sistema de cárcere, que prevalece até os dias atuais como modelo de castigo aos que são julgados e condenados pela lei (Holloway, 1997, p. 43).

Nesse sentido, a estrutura próxima ao que se entende atualmente por polícia foi criada no Brasil a partir da chegada da família real portuguesa, em 1808. Como afirma Marino:

> A cidade do Rio de Janeiro, que até aquele momento representava um espaço acanhado e sujo, assumia definitivamente o papel de capital do Reino Português, deixando de ser a capital da colônia portuguesa. Tal fato alterou significativamente os mecanismos de controle e disciplinarização da população, bem como toda a lógica de ordenamento territorial (Marino, 2004, p. 30).

Nessa perspectiva, já em maio de 1808, foi criada a Intendência Geral da Polícia da Corte e do Estado do Brasil, estrutura inspirada no modelo francês e mimetizada por Portugal em meados do século XVIII. A polícia nascente tinha como atribuições organizar obras de infraestrutura, cuidar da limpeza urbana, administrar a cidade, além de atuar como investigadora e órgão de punição dos crimes. Nesse sentido, a nova estrutura incorporava os poderes Legislativo, Executivo e Judiciário (1997, p. 46).

Como braço executivo de suas ações, foi criada na Intendência, em maio de 1809, a Guarda Real de Polícia. A organização era estruturada com base em princípios militares, tendo como objetivos garantir a ordem e a captura de criminosos. Desde sua criação, os dirigentes da Guarda Real foram coronéis do Exército. Os primeiros guardas foram também recrutados no contingente do Exército.

Esses recebiam orientações e formação militar, sendo seu trabalho cotidiano o patrulhamento de ruas próximas ao centro da capital, mais especificamente: nos arredores onde vivia a família real portuguesa e sua corte. Essa função inicial marca a história da Polícia Militar e o compromisso histórico em defender os bens e interesses dos grupos dominantes da cidade.

De acordo com Marino, cabia também aos oficiais a obtenção de fundos para sustentar as forças policiais. Logo, eram comuns ações dos oficiais junto à elite econômica, a fim de conseguir recursos financeiros e materiais necessários à manutenção do aparelho policial. Naturalmente, estabelecia-se uma situação de dependência da Guarda em relação a proprietários, o que impedia a realização de medidas que, por acaso, viessem a prejudicar os interesses dos grupos patrocinadores das forças policiais (Marino, 2004, p. 32).

Diante do temor dos grupos dominantes, em especial os membros da Corte Portuguesa, de alguma revolta social — o trauma com a revolta negra e o massacre de muitos brancos na colônia francesa do Haiti era muito presente no imaginário das cortes europeias de então —, a Guarda tinha como alvo central, justamente, os grupos negros e escravizados da população. Assim, os perseguidos e presos do período eram os escravizados e ex-escravizados que tivessem comportamentos condenados pelos grupos dominantes da época.

As medidas de disciplina e de controle dos grupos subalternos tinham a violência e a truculência como práticas fundamentais. A título de exemplo, cabe lembrar a atuação de um agente da Guarda Real, de nome Miguel Nunes Vidigal, que chegou ao posto de segundo-comandante. Ele se notabilizou pela estratégia de, visando a ordenar e 'limpar' as ruas, não admitir que grupos de pessoas, pobres ou escravizados, naturalmente, se confraternizassem na via pública. Nesse caso, o uso do açoite sobre aqueles que bebiam, riam ou cantavam era uma forma de se relacionar com as populações pobres da cidade:

> Em vez de sabre militar comum, o equipamento de Vidigal e seus granadeiros era um chicote da haste longa e pesada, com tiras de couro cru em uma das extremidades, o qual podia ser usado como cacete ou chibata. Depois da surra aplicada perversa e indiscriminadamente em escravos e livres no momento da prisão, os escravos eram devolvidos à custódia de seus proprietários ou levados ao intendente ou aos seus assistentes, os juízes do crime, para julgamento. Os detentos não escravos eram mantidos por um prazo curto na casa de guarda do Largo do Paço (hoje Praça XV de novembro), de onde alguns dos fisicamente capacitados eram, sem maiores formalidades legais, recrutados para o Exército ou a Marinha e os demais seguiam pena maior em um dos cárceres da cidade (Holloway, 1997, p. 49).

Outros feitos de Vidigal eram incursões aos 'quilombos' e acampamentos de escravizados escondidos nas encostas do Rio de Janeiro. Nesse caso, há muitas semelhanças na atuação da polícia, naquele período, e no trabalho que se realiza atualmente nas favelas. Em especial, chama atenção a coincidência na percepção dos moradores dos quilombos e das favelas como transgressores efetivos ou potenciais da ordem pública. Essa visão estereotipada e preconceituosa sobre os grupos populares historicamente dominou e domina o imaginário de grande parte dos profissionais da segurança pública.[27]

Ações como as descritas não tinham qualquer base legal além da autoridade delegada pelo Intendente. De acordo com um observador inglês, nos declara Holloway, as leis eram tão imperfeitas ou tão imperfeitamente executadas, que parece que os brancos, aos poucos, se haviam convencido de que estavam acima delas.

---

27 A análise desse tipo de representação será aprofundada no capítulo em que tratamos do cotidiano da Maré.

Poucos desses eram presos, à exceção dos crimes cometidos contra o Estado; os "mulatos" se incluíam nessa exceção, conforme a cor de sua pele fosse mais clara ou escura. Na verdade, continua o autor, pouquíssimos não escravizados eram punidos pela lei, demonstrando-se assim que sua função maior era proteger os dominantes e garantir a ordem escravista então vigente.[28] Foi com essa gênese repressora e antirrepublicana que a instituição policial se constituiu no Rio de Janeiro e se tornou uma instituição dedicada, de forma central, ao atendimento de interesses de uma pequena parcela da sociedade carioca.

No processo de instauração do Brasil Imperial, fez-se presente a necessidade de produção de novos ordenamentos no campo jurídico, penal e das forças de segurança. Esse processo foi feito levando em conta as relações de subordinação do novo Estado a interesses de grupos nacionais e, em especial, ingleses:

> Os parceiros, que eram os interesses comerciais e financeiros ingleses, em geral não se opunham a deixar a reordenação interna do Brasil por conta dos brasileiros, desde que os resultados não colidissem frontalmente com os objetivos britânicos, com quem Portugal estabelecia interesses comerciais naquele período (Holloway, 1997, p. 45).

A Constituição de 1824 iniciou um processo de institucionalização da nova ordem estatal. A partir dos debates nela realizados, foi reformulado, em 1827, o papel do Juiz de Paz e do Delegado de Polícia, figuras que já existiam durante o período da Corte Portuguesa. Outra iniciativa central para a construção do novo ordenamento no campo das forças de segurança pública foi a

---

28 Desse modo, embora compusessem cerca de 50% da população, eram escravizados ou ex-escravizados 99% dos presos julgados, sendo quase todos nascidos na África. Cf. Holloway, 1997, p. 50.

elaboração, em 1832, do Código de Processo Criminal, base legal da ação policial, que vigorou até a Proclamação da República.[29] Em seu processo de implantação, foi um embrião de polícia judiciária, da qual derivou o que hoje conhecemos como Polícia Civil. Para isso, o cargo de Intendente de Polícia foi extinto e criado o de Chefe de Polícia.[30]

A Guarda Municipal, criada em 1831, atuava no distrito de cada juiz. Ao contrário, contudo, da Guarda Real da Corte, a Municipal era formada por civis e não por militares. Os candidatos deveriam ser livres, de preferência brancos, e abastados, de modo a não colocarem em risco aqueles que deveriam proteger: os membros das elites locais.

A fundação da Guarda Municipal visava a dar resposta a um contexto pós-abdicação de d. Pedro I, no qual muitos conflitos políticos e sociais se fizeram presentes na capital do novo país. Além dela, ainda em 1831, foi criada a Guarda Nacional. Esta derivava da compreensão de que a Guarda Municipal, por se fundar em moldes paramilitares, não tinha condições de dar conta de todas as tarefas pertinentes à segurança urbana de uma cidade cada vez mais densa e sofisticada. A revolta de um grupo de integrantes da Guarda Real, em julho daquele mesmo ano, motivou a decisão do governo regente de extinguir a instituição criada pela corte portuguesa e fundar uma instituição policial com um perfil mais elitizado, baseada na estrutura do Exército.

---

29 Um artigo do Código que bem revela a lógica de distinção entre a humanidade do escravizados e a do homem livre era a proibição de que o último sofresse castigo físico, em especial o açoite, fato que poderia ocorrer com o escravizado.

30 Neste trabalho, não busquei analisar o papel da Polícia Civil no âmbito da segurança pública. A presente alusão, obviamente muito sintética, busca apenas apresentar como se deu o processo de constituição das instituições de segurança pública no início do século XIX, período e contexto nos quais a Polícia Militar foi concebida.

Imagem de faixa colocada em frente à construção na Maré, durante uma série de operações policiais consecutivas realizadas em agosto de 2024. FOTO: DOUGLAS LOPES

MOS
POSTA

Soldados do Exército circulando nas ruas da Maré em veículos militares, durante a intervenção federal na segurança pública do Rio de Janeiro, em 2018.
FOTO: DOUGLAS LOPES

A Guarda Nacional se estruturou em todas as unidades do país, sendo a primeira na capital, Rio de Janeiro. Seus critérios de seleção incluíam a renda e a compulsoriedade, de modo a garantir que os membros das elites sociais e econômicas tivessem o controle da instituição. Sua estrutura de funcionamento era militarizada e seus homens bem armados. A Guarda não oferecia remuneração e seus membros eram encarregados de arcar com o seu uniforme. Desse modo, garantia-se uma força policial dominada pelo viés de classe. Como afirma Marino (2004), a prestação de serviço na guarda visava a estender a responsabilidade pela defesa da propriedade e da ordem social aos membros da sociedade que tinham interesse na manutenção do *status quo*.

A Guarda Nacional cumpriu seu papel em quase todo o país, mas não assumiu o mesmo caráter na capital. A recusa dos membros dos grupos mais ricos da cidade em dela participarem fez com que a tropa reunisse basicamente pequenos comerciantes e brancos pobres. Em função disso, foi criado no Rio de Janeiro, em outubro de 1831, o Corpo de Permanentes. Diretamente ligado ao Ministro da Justiça, a nova instituição era formada por voluntários, que recebiam uma remuneração maior que a dos 'praças' do exército. O Corpo de Permanentes tinha como objetivo central reprimir rebeliões e revoltas sociais e foi a base para a construção da Polícia Militar.[31]

A nova estrutura de Polícia Militar nasceu com algumas diferenciações da Guarda Real da Corte. O intuito foi o de formar uma polícia com profissionais recrutados não dos quadros do

31 O nome permanente foi retirado formalmente da denominação do Corpo de Guardas em 1858. Já em 1866, a instituição passou a chamar-se Corpo Militar de Polícia da Corte e, finalmente, em 1920, passou a se chamar Polícia Militar. Na realidade, até chegar à denominação de Polícia Militar do Estado do Rio de Janeiro (PMERJ), a instituição teve vários nomes que foram sendo modificados, de acordo com os processos políticos e mudanças de governos no Estado do Rio.

Exército, mas jovens que seriam bem pagos. Ocorre que os ganhos, considerados altos para a época, de fato somente atraíam pessoas vindas das camadas pobres da cidade. Feijó, ministro da Justiça, queria que os soldados de polícia fossem bem pagos, mas sabia que somente os integrantes das camadas inferiores da sociedade livre considerariam os vencimentos oferecidos uma renda aceitável (1997, p. 93).

A observação do pesquisador é importante para refletirmos sobre a origem dos profissionais que formaram a Polícia Militar. Como descrito, desde a sua gênese, o corpo de profissionais vem das camadas mais pobres da sociedade. Nesse caso, havia uma evidente distinção entre os formuladores da nova instituição e de seu comando de um lado e, de outro, os indivíduos dispostos a cumprir as funções de ordenamento do espaço urbano, de reprimir os crimes, de ir atrás dos transgressores das leis, enfim, de cumprirem o papel de agentes repressivos do Estado.

A origem social da maioria dos membros da Polícia Militar é uma constatação significativa. Com efeito, um dos entrevistados, durante a pesquisa para esse trabalho, delegado da Polícia Civil do Rio de Janeiro, considerou que a origem dos integrantes da corporação é um dos aspectos mais positivos da instituição:

> Uma coisa boa das instituições policiais é a sua origem popular, tirando as cúpulas, né?! — mas, mesmo nas cúpulas, em alguns casos, têm pessoas de origem popular. Se você for identificar quem são os comandantes da Polícia Militar, quem são os delegados de polícia, vai ver que não é uma corporação formada por aristocracia, por uma elite. Ela é feita pelo povo brasileiro. E isso eu acho um aspecto muito positivo. Eu acredito que, em algum momento, isso pode permitir uma modificação na

atitude das corporações, quando seus membros, ao se identificarem com os seus anseios culturais e históricos, poderão dar uma virada no jogo. Em algum momento, as corporações podem entender que o papel que elas cumprem só interessa ao jogo político da elite, não é o que vai ao encontro do seu interesse. Tampouco vai garantir a segurança e o reconhecimento social que precisamos como profissionais.

J. ZAMIR,[32] DELEGADO DA POLÍCIA CIVIL DO RIO DE JANEIRO

---

32 Nome fictício.

FOTO: DOUGLAS LOPES

8

IMAGENS DO EXERCÍCIO DA VIOLÊNCIA: UM OLHAR DOS GRUPOS ATINGIDOS

A altíssima taxa de violência letal no Brasil é um dos aspectos mais dramáticos da realidade nacional contemporânea. Desde a década de 1980 até o início do século XXI, triplicou o número de pessoas assassinadas no país, em especial nos grandes centros urbanos. Essas mortes se ampliaram com o processo de consolidação dos grupos criminosos armados nas favelas e periferias. Tive a lamentável oportunidade de assistir a escalada da violência letal desde o seu início, o que permite que eu me remeta a um fato dramático para ilustrar o processo doloroso de destruição de vidas que se tornou, nessa trajetória, simples estatística.

A tragédia acometeu uma família composta de sete filhos e quatro filhas, moradores do Parque Maré; sua culminância, em 1986, sem dúvida foi marcante na história das violências do bairro, mesmo considerando os tantos episódios desse tipo que acontecem nas favelas da Maré. Pude testemunhar o acontecimento de modo muito próximo; como poucos outros, ele está presente em meus olhos e em minha memória até hoje, assim como para muitos moradores da Maré.

Os pais daqueles 11 filhos eram paraibanos que migraram de Campina Grande na década de 1970 e trabalhavam como comerciantes num pequeno estabelecimento na favela, o que garantira o sustento da família até então. O drama familiar de 1986 foi antecedido por um fato muito duro, que abalou a família de forma profunda: as mortes do filho mais velho e do caçula, que ocorreram, coincidentemente, em um mesmo dia do ano de 1981.

O primogênito usava drogas e, por alguma razão pouco clara para os familiares, ficou com uma dívida na boca de fumo local. Para dar exemplo, ele foi assassinado pelos membros do tráfico numa madrugada qualquer daquele ano, uma forma de morrer que foi se tornando comum no cotidiano da favela. No mesmo dia, à tarde, o caçula da família, com cerca de 4 anos, brincava em uma rua próxima à sua casa quando foi atingido por uma bala mortal, resultado de um dos confrontos da época entre grupos de traficantes locais.

Uma perda ainda maior atingiu essa família cinco anos após a morte desses dois filhos: um dos cinco irmãos restantes havia se envolvido em atividades criminosas e tinha saído havia pouco tempo da cadeia. O rapaz não fazia parte do grupo criminoso armado que dominava a venda de drogas em Parque Maré à época. Ele atuava de maneira independente e fora da Maré, sendo especialista em assaltos a ônibus e lojas, motivo pelo qual fora preso.

Mesmo tendo saído da cadeia há pouco tempo, o jovem planejou um grande assalto, juntamente com outros criminosos do Parque Maré. Bem-sucedido, o grupo decidiu realizar um churrasco para comemorar o feito — a prática de pessoas envolvidas em atividades ilícitas de fazer comemorações após a realização de assaltos com sucesso era comum na favela. O churrasco foi realizado numa sexta-feira à noite, em frente à casa da família, com os outros irmãos e os parceiros no assalto presentes. O irmão responsável pelo roubo, de maneira aberta, após beber bastante, começou a falar que tinha feito um grande roubo de joias. E se gabava de estar com tanto dinheiro que poderia, se quisesse, comprar armas suficientes para tomar os pontos de drogas do chefe do tráfico na ocasião. Aparentemente nada indicava que, de fato, pensasse em fazer aquilo. Inclusive, um dos seus irmãos, também envolvido em atividades ilícitas, fazia parte do grupo do então cabeça do comércio criminoso local.

Na favela, entretanto, essas falas circulam com rapidez. Ao saber do comentário do jovem, o chefe entendeu que o assalto havia sido realizado para a compra de armas e munição para tomar os pontos de drogas por ele controlados. A interpretação foi de que a comemoração, que reuniu os outros quatro irmãos do assaltante e seus parceiros, teria sido o momento da preparação e definição do possível ataque.

O dono da favela, então, convocou um grande baile na noite do sábado, dia seguinte ao fatídico churrasco. Nele, se fizeram presentes vários dos jovens que haviam participado do churrasco. O baile transcorria normalmente quando apareceram dois dos cinco irmãos; eles foram imediatamente capturados pelo bando. Um era o assaltante que fizera o comentário; o outro era o membro do grupo criminoso. Eles passaram a madrugada na mão do grupo, sendo torturados.

Ao saber do ocorrido, ainda na madrugada de domingo, outro irmão, não envolvido na criminalidade, se dirigiu armado para o local onde os irmãos estavam sequestrados. No caminho, todavia, ele encontrou com 'soldados' do 'dono da favela' que vinham em sua captura por ter participado do churrasco de comemoração. Houve troca de tiros e ele foi assassinado no próprio beco onde havia esbarrado com o grupo de traficantes.

Ao amanhecer de domingo, o irmão mais novo, com 14 anos, também sem envolvimento com atividades criminosas, ficou sabendo do que ocorrera na madrugada com os três irmãos e foi até o chefe do tráfico pedir pela vida dos irmãos ainda vivos. Ele encontrou os traficantes com os irmãos capturados na maior rua de Nova Holanda, conhecida como Principal. Os dois jovens, que haviam sido duramente espancados, estavam amarrados em postes. Até ali, o irmão adolescente tentava explicar que a história que circulava na favela não procedia; em sua frente, entretanto, o próprio chefe fuzilou os dois irmãos amarrados. Segundo a memória dos moradores, ao ver a cena, o adolescente, transtornado, gritou que iria se vingar. Diante disso, os mesmos homens que mataram os seus irmãos viraram suas armas para ele e o fuzilaram e ele caiu ao chão, em frente aos postes onde ficaram expostos os irmãos. Os outros participantes do assalto fugiram da favela, mas, pelo que se disse tempos depois, também foram assassinados em outras favelas da cidade.

Quatro irmãos assassinados em um fim de semana, de forma profundamente brutal. Os crimes chocaram os moradores, que fizeram romaria ao local onde os crimes aconteceram, outra prática comum entre os moradores de favelas. Após a perda de seis filhos em situações tão brutais, a família decidiu se mudar da Maré, apesar de não ter havido ameaça por parte do chefe do tráfico nesse sentido. Dos filhos, restou apenas um, que já era casado e morava fora da favela; das quatro filhas, três eram casadas e também não mais residiam na Maré.

O enterro dos quatro jovens irmãos foi bem vazio, já que as circunstâncias que levaram à morte trágica dos mesmos provocaram medo nos vizinhos e amigos de comparecerem ao sepultamento. O pai, por ocasião das mortes, se encontrava na Paraíba e não veio ao Rio para acompanhar o enterro dos filhos. A família considerou ser prudente que ele não se deslocasse até a cidade para se despedir pela última vez deles. A seguir, a mãe dos jovens e uma filha caçula foram se juntar ao pai e nunca mais retornaram à Maré.

Tenho ainda viva em minha memória a imagem daqueles jovens, meus conterrâneos nordestinos, amarrados aos postes, completamente desfigurados, e o pequeno garoto caído ao chão. Ao lembrar-me deles, nunca pude deixar de me remeter aos meus pais: eles também tinham saído do interior da Paraíba e chegado à favela; ali se estabeleceram com os seis filhos sobreviventes (seis outros morreriam ainda crianças, de morte natural), repletos de esperanças de uma vida melhor, com mais acesso a novos bens e a novas possibilidades de uma vida feliz. A mesma esperança, crença e busca, certamente deveria estar no coração daquela família despedaçada em apenas um final de semana na Maré; um de tantos marcados pela dor, violência e barbárie. Duas famílias, dois destinos, duas expressões profundas das dores e alegrias presentes nas existências da favela. Nesse quadro, cabe ler as vidas por trás dos números, por trás da esperança e da morte, na busca de nunca esquecer o que motiva a existência: a busca do sentido e do desejo imenso de uma vida melhor.

* * *

O quadro retratado até agora neste livro não foi construído de forma repentina. Ele é a expressão de um longo processo histórico, que tem como eixo maior a incapacidade do Estado em reconhecer o conjunto dos cidadãos como seres dotados dos mesmos direitos fundamentais que os integrantes dos setores dominantes econômica e socialmente. Minha hipótese é a de que o desconhecimento da condição de sujeitos de direitos pelos moradores das favelas e de grande parte da periferia deriva do processo de captura do Estado por interesses particulares, sendo ele um instrumento para maximizar o poder e a riqueza dos grupos tradicionalmente dominantes ou aliados.

A expressão romana *res publica*, de acordo com Outhwaite e Bottomore (1996), subentende que as coisas que são públicas devem ser de interesse público: são os cidadãos ativos que devem gerir o Estado, não os reis, as oligarquias aristocráticas ou mesmo um partido. Os cidadãos tratam-se mutuamente como iguais. A cultura pública da política, nessa acepção, é muito diferente da tomada particular de decisões em autocracias. O republicanismo não é necessariamente democrático, mas é mais participativo no espírito do que o liberalismo individualista.

O processo de construção histórica do Estado brasileiro, bem como da sociedade, não teve como base essa noção de coisa pública. A privatização do Estado, desde sua origem colonial, foi acompanhada pelo desenvolvimento de práticas sociais e culturais, por parte dos grupos dominantes e aliados, tributárias de uma lógica escravocrata na relação com os subalternos. A cultura escravocrata e a particularização das ações do Estado tornaram-se profundos elementos de resistência à afirmação das práticas republicanas no país. A ausência de uma cultura política que reconheça a igualdade básica entre todos os cidadãos e a construção de um projeto econômico que impede o acesso de amplas parcelas da população aos recursos públicos e à riqueza do país geraram instituições que legitimam e reproduzem a desigualdade, tais como as organizações do poder judiciário e as forças de segurança, dentre outras.

A insuficiência republicana gerou, por sua vez, um quadro paradoxal no exercício da soberania do Estado brasileiro no território nacional. Soberania é a capacidade de um Estado formular e aplicar leis específicas em seu território de forma autônoma, sem depender da vontade de outros Estados. Para isso, o Estado tem de ter capacidade de fazer valer sua decisão no conjunto do território sobre o qual detém o controle político. Esse poder soberano se legitima, em geral, a partir da vontade popular, expresso nas eleições, e é exercido por governos de partidos específicos e por períodos determinados.

A noção de legitimidade é central no que concerne ao exercício da soberania, pois ela se revela como o reconhecimento ao direito do Estado, de um grupo ou instituição de exercer uma prática social específica. Nesse caso, legitimidade difere de legalidade, visto essa se sustentar na lei e aquela, por sua vez, se sustentar em um reconhecimento comum de indivíduos que partilham códigos, territórios ou práticas comuns.[33]

A análise da configuração territorial do Rio de Janeiro mostra que, de fato, o Estado não exerce o poder político e jurídico sobre vastas áreas da cidade, em especial sobre grande parte dos territórios favelados e outros espaços da periferia. Ele não regula as relações de propriedade, as normas para as edificações e o zoneamento urbano, não afasta da vida social e/ ou responsabiliza civil e criminalmente os que não respeitam as suas leis, não garante a segurança

---

33 Durante a ditadura militar brasileira, os grupos que lutavam pela democracia afirmavam que as leis daquela época eram legais, mas ilegítimas. Essa distinção é a base para o desenvolvimento de ações de resistência a atos encaminhados por instâncias sem respaldo constitucional ou popular. Na definição de poder proposta por H. Arendt, a legitimidade é um elemento inerente e fundamental para a afirmação do poder. Cf. H. Arendt, 2009, p. 69.

dos cidadãos, não controla de forma autônoma a oferta dos serviços públicos e o funcionamento dos equipamentos urbanos, tampouco garante o direito de circulação no espaço local e entre os diversos territórios da cidade. A inapetência estatal em exercer a soberania nos territórios populares e em regular as relações neles estabelecidas, do mesmo modo que nas áreas mais valorizadas da cidade, fez com que essa forma de exercício do poder fosse privatizada, que se tornasse um 'valor de mercado'. Nesse espaço em disputa, passam a atuar os grupos criminosos armados.[34]

O fenômeno mais curioso — e contraditório — da presença dos Grupos Criminosos Armados (GCAs) nas favelas cariocas, dentre outros espaços urbanos periféricos do país, é o fato de eles, na perspectiva de se legitimarem diante dos moradores locais, assumirem o 'papel de polícia'. Como é sabido, nos acostumamos a confundir, nesse caso, a função e a identidade institucional. Logo, denominamos como 'polícia' as forças de segurança vinculadas ao Estado. Bailey (2001, p. 20), porém, em um estudo sobre instituições policiais de vários países que se tornou um clássico no

---

34 No caso do Rio de Janeiro, os Grupos Criminosos Armados — GCAs — são núcleos ou redes criminosas que atuam em atividades econômicas ilícitas, extorsivas e/ou irregulares, a partir de uma base territorial específica. Destacam-se, dentre elas, o tráfico de drogas, os jogos de azar, os serviços de segurança, transportes coletivos irregulares, o monopólio da venda de produtos específicos etc. O controle de suas atividades se sustenta na coação — especialmente pelo uso de armas de fogo —, na naturalização das atividades, como as do Jogo do Bicho e do videopôquer, pelos moradores, e na legitimação, em função do poder de ordenar as práticas coletivas locais. São quatro os grupos com essas características a atuarem na região metropolitana do Rio de Janeiro, dentre outros grandes centros: o constituído pelos banqueiros do Jogo do Bicho, que também controlam jogos ilegais como o videopôquer e cassinos ilegais, os grupos de extermínio, que, em geral, oferecem segurança privada, os grupos do tráfico de drogas e as milícias. Todos os grupos citados têm como base de atuação o controle de territórios específicos, a partir de negociação ou disputas com outros grupos. Os dois últimos grupos têm como característica, em geral, a presença bélica cotidiana nas comunidades que controlam. Cf. Silva e Barbosa (2005).

Carta de uma criança da Maré, entregue aos ministros do Supremo Tribunal Federal, em ação de mobilização da Redes da Maré antes do julgamento da ADPF 635, a ADPF das Favelas, realizado em abril de 2025. FOTO: DOUGLAS LOPES

Eliana Sousa Silva durante ato contra violência armada de Estado, realizado em frente ao Palácio Guanabara, sede do Governo do estado do Rio de Janeiro, em 2020.
FOTO: KAMILA CAMILLO

campo, define as características de polícia a partir de alguns critérios básicos: "a palavra 'polícia' se refere a pessoas autorizadas por um grupo para regular as relações interpessoais dentro desse grupo através da aplicação da força física".

As características descritas, em grande medida, são afirmadas pelos grupos criminosos que regulam as relações sociais nas favelas cariocas, em especial os grupos milicianos mais antigos: um grupo armado, com relações hierárquicas de poder explicitadas para a população local, com poder objetivo de estabelecer sanções e penas àqueles que desobedecerem a normas afirmadas pelo grupo, sendo algumas delas consonantes aos interesses dos moradores locais — a proibição de roubos, de estupros, de uso da força excessiva, a ocupação de espaços públicos sem autorização etc.

Cabe considerar um importante elemento da definição de Bailey e aplicá-lo aos territórios favelados do Rio de Janeiro: o grau de consentimento da população local ao grupo criminoso que regula a ordem social local. A maioria da população de outras áreas da cidade, assim como os grandes meios de comunicação, tende a considerar que a população da favela apoia, legítima e defende os grupos criminosos que nela atuam. A percepção nasce equivocada, pois ignora que não há uma participação dessa população no processo de ocupação do território pelos grupos armados; o processo é autoritário, privado e estabelecido através do uso do poder bélico, tal como as ditaduras se instalam em geral.

De qualquer forma, território algum pode funcionar sem a regulação das relações sociais: não há vácuo de poder continuado nesses espaços. Afinal, é possível viver em mundos sociais com diferentes formas de regulação das relações, mas é impossível viver sem alguma. Logo, diante da ausência do poder regulador do Estado nos espaços populares favelados, historicamente, as relações sociais ali estabelecidas foram sendo constituídas a partir da construção de mecanismos próprios de regulação. Historicamente, o poder de regulação, ou pelo menos de algum nível de disciplinamento, foi cumprido por figuras carismáticas e/ou que possuíam vínculos com pessoas influentes, política ou socialmente, na cidade, inclusive policiais.

Até a década de 1980, quando se iniciou o processo ampliado de controle das favelas pelo tráfico de drogas, as polícias mineiras — grupos privados formados, em geral, por moradores — e/ou os banqueiros de bicho assumiam o papel de reguladores do poder em muitos territórios populares. Havia, nesse caso, um expressivo grau de legitimidade conferida pelo carisma ou pelo pretenso interesse na defesa da comunidade contra eventuais crimes locais e possíveis inimigos externos.[35] Havia uma intensa proteção ao patrimônio, o que conferia um grau de equilíbrio significativo na comunidade que possuía pessoas ou grupos naquela função policial. Nesse caso, eles preenchiam, de forma plena, a definição de polícia anteriormente apresentada.

O poder bélico dos grupos criminosos que traficavam drogas rompeu com esse equilíbrio. Uma série de enfrentamentos marcou a década de 1980, com destaque para o ocorrido na Rocinha, entre o tráfico de drogas e o jogo de bicho, assim como o ocorrido na Favela Para Pedro, em Acari, entre o tráfico de drogas e a mineira. A partir daquele período, os chefes do tráfico de drogas, em especial os ligados às organizações criminosas, afirmaram o monopólio da autoridade e da violência nos territórios favelados. Sob o discurso

---

35 Um exemplo significativo da 'eficácia' do poder regulador dos grupos criminosos armados nas favelas cariocas é a inexistência, praticamente, de homicídios por motivos banais naquelas comunidades, apesar da imensa densidade demográfica e do alto consumo de bebidas alcoólicas. O chefe do grupo armado tem o 'monopólio' da decisão de quem pode morrer no território que ele domina, sendo essa determinação conhecida por todos. Por outro lado, em Diadema, cidade da região metropolitana de São Paulo, o fechamento dos bares, ao fim da noite, foi apontado como uma variável fundamental para a redução do número de homicídios. No caso das favelas cariocas, essa variável não se coloca. O fato demonstra a importância de um diagnóstico preciso das realidades locais para a produção de políticas eficazes no campo da segurança pública, assim como em outros campos da política pública.

de protetores da comunidade, conquistaram legitimidade por meio do exercício do poder de algoz, de forma autocrática: prisão, julgamento e punição. Passaram a agir também como operadores de ações sociais, em particular diante das populações locais mais vulneráveis, e legisladores sobre o uso do solo e funcionamento das instituições.

A partir da década de 1990, em função do acirramento do conflito entre as facções e da necessidade de os grupos locais contarem com o apoio mais direto de grupos externos da mesma facção, as relações sofreram transformações. Primeiramente, o expressivo aumento do poder bélico intensificou o sentimento de segurança do grupo criminoso local em relação à polícia e, diante disso, se tornou menos necessária a legitimidade diante da comunidade. Em segundo lugar, aumentou o sentimento de pertencimento dos integrantes do grupo à facção, mais do que à comunidade. Nesse caso, os membros das facções se sentiam menos comprometidos com sua comunidade de origem e em manterem o discurso de que ali estavam para 'defendê-la'; a defesa da facção e o compromisso com seus objetivos se tornaram mais importantes.

Por fim, para não ser exaustiva, a idade média de ingresso nas organizações caiu, durante a década de 1990, de 15 a 16 anos para 12 a 13 anos. Com isso, as facções passaram a contar com um integrante menos escolarizado, com menor vivência na comunidade, com uma rede social menor dentro da própria comunidade e tendo uma vida cotidiana dominada pela inserção absoluta na dinâmica do grupo criminoso. Nesse quadro, e complementando a variável anterior, há um menor sentimento de identidade desses adolescentes com o seu lugar de origem e, consequentemente, menor preocupação em 'respeitar' e valorizar o morador.

Concluindo a argumentação, a crise de soberania do Estado na grande maioria das favelas cariocas deriva da sua incapacidade de atender, de forma republicana, aos interesses do conjunto da população, independente de suas condições sociais e econômicas. Nesse processo, privatiza-se a própria soberania e a capacidade de regular o conjunto das relações sociais, em especial nos grandes centros urbanos, passa a ser afirmada por grupos criminosos com características específicas.

Desse modo, as forças policiais que representam o Estado atuam nas favelas não como órgãos que controlam, cotidianamente, o conjunto do território da cidade, mas como forças invasoras sobre um território dominado por exércitos inimigos.[36] Nesse caso, a população civil desses espaços também é vista como parte integrante do espaço inimigo e assim é tratada.

As insuficiências no exercício de um papel republicano por parte do Estado, a crise no exercício do monopólio da força e da autoridade no território urbano, a privatização da regulação da ordem social na maioria dos espaços populares, em particular nas favelas, e a prevalência de uma lógica típica de guerra no tratamento da segurança pública são algumas das variáveis por mim aventadas para o tipo hegemônico de ações policiais nas favelas cariocas, dentre outros espaços sociais. Neste trabalho, busco compreender como tais fatores se estruturaram historicamente, dedicando especial atenção às formas de construção da moderna desigualdade no país e o modelo de ação da instituição policial militar. Como desdobramento dessa reflexão, destaco as proposições no campo da segurança pública nos governos estaduais que se sucederam a partir de 1983 até os dias atuais.

A seguir, identifico e analiso as representações e as práticas de policiais e moradores residentes na Maré. Nessa construção, acredito ser possível elaborar uma visão global do fenômeno da ação policial nas favelas, tendo a Maré como recorte espacial, e propor caminhos que contribuam para construir uma política cidadã de segurança.

---

36 Nos últimos governos do Rio de Janeiro, especialmente a partir do Governo de Benedita da Silva, em 2002, vêm sendo afirmadas iniciativas denominadas como 'invasões sociais' nas favelas. Como, obviamente, não se invadem territórios que são próprios, a contradição do termo é autoexplicativa.

Vereadora Marielle Franco, assassinada em 2018, durante a primeira edição da campanha *Somos da Maré! Temos Direitos*, em 2016. FOTO: DOUGLAS LOPES

FOTO: DOUGLAS LOPES

9

RECOMPONDO A HISTÓRIA: A POLITIZAÇÃO DO DISCURSO DA VIOLÊNCIA

O Governo Brizola como marco de referência na Segurança Pública

Na escrita do livro, optei por estabelecer os anos 1980, de forma mais direta o primeiro governo de Leonel Brizola, como recorte cronológico para a análise das políticas de segurança do Rio de Janeiro e as práticas das forças policiais. Essa opção derivou do entendimento de que naquele período se iniciou o conflito entre os modelos que hegemonizaram o debate no campo da segurança pública daquela época até os dias atuais. Por um lado, um modelo de segurança hegemônico durante a maior parte da história brasileira, centrado na repressão, especialmente a crimes cometidos pelos indivíduos mais pobres, sem controle social e que despreza os direitos humanos. Por outro lado, o modelo proposto pela equipe de segurança de um governador adjetivado de caudilho e populista, amado pelo povo, detestado pelas forças conservadoras e criticado por amplos setores da esquerda política.

No início dos anos 1980, vivenciou-se no Brasil a abertura política, com o esgotamento de uma ditadura militar que suprimiu, dentre outros direitos fundamentais, a participação direta dos cidadãos nas escolhas dos governadores, prefeitos das capitais e de cidades consideradas estratégicas para a segurança nacional. O momento de escolha dos dirigentes de estados e municípios pelo voto direto da população, a partir de 1982, trouxe nova conformação no desenho dos governos eleitos a partir daquele período. Não foi surpresa ver que, após a fase ditatorial, grandes parcelas da população brasileira optassem por escolher governantes que haviam sido oposição ao regime anterior. No caso do Estado do Rio de Janeiro, foi eleito governador o político gaúcho Leonel de Moura Brizola, principal adversário dos dirigentes, militares e civis da ditadura. Ele assumiu o governo em 1983 e, dentre várias proposições polêmicas, propôs mudanças de fundo no paradigma até então vigente no campo da segurança pública. Essa mudança foi construída descolada, aparentemente, de um fenômeno preocupante: o aumento acelerado da taxa de crimes no Rio de Janeiro.

Com Brizola, teve início um novo programa de governo, que priorizou uma agenda voltada para os direitos humanos e com foco na segurança pública direcionada às populações mais pobres do Rio de Janeiro. A expectativa e a esperança de mudanças na área social e em diferentes instâncias eram especialmente em relação ao papel da polícia no trato com os moradores das áreas de favelas e periferias. A promessa do novo governador era de construir uma ação policial centrada no respeito e reconhecimento de todos os cidadãos, inclusive os moradores das favelas, completamente privados, até ali, do direito à segurança pública, entre outros.

O início da gestão foi marcado por graves tensões no campo da segurança pública, uma vez que havia um histórico de denúncias de variadas ordens: relação da cúpula da polícia com determinadas atividades ilícitas, a exemplo do jogo do bicho; forte opressão aos presos; tratamento ofensivo aos moradores nas favelas etc. No plano organizacional, criaram-se a Secretaria de Polícia Judiciária e Direitos Civis, responsável pelo ordenamento da Polícia Civil, e a Secretaria de Polícia Militar (SPM), responsável por coordenar o trabalho da Polícia Militar. Na estrutura anterior, o Estado possuía uma única secretaria, denominada Secretaria de Segurança Pública, responsável pela Polícia Militar e pela Civil.

Além das duas secretarias, foram organizados quatro conselhos: Segurança Pública; Justiça e Direitos Humanos; Conselho Superior da Polícia Militar e o Superior de Polícia. Essas estruturas reuniam representantes do Estado e da sociedade civil, visando serem espaços de interlocução para a busca de caminhos para uma política de segurança pública que levasse em conta os interesses da maioria da população.

O sentido maior das mudanças promovidas na estrutura de segurança pública, de acordo com Holanda (2005), era a superação da histórica subordinação da Polícia Militar aos anseios militaristas do Exército. Preocupados, em grande medida, com a segurança interna, a instituição federal fez com que a Polícia Militar não priorizasse formas de ação efetivamente pautadas na noção de segurança pública. Logo, a descentralização promovida pelo Governo Brizola revelou-se uma profunda ruptura com a lógica que dominou quase toda a história da Polícia Militar, principalmente no que diz respeito à compreensão do papel institucional da organização. Isso porque,

> [...] a 'contaminação' da polícia pelo Exército gerou um tratamento enviesado da questão da criminalidade, fundada na evocação de uma terminologia bélica ('combate ao crime') e de uma lógica armamentista. As estratégias de controle social moldavam-se, sobretudo, na recorrência aos mecanismos de repressão. A metáfora da guerra operava a administração cotidiana da vida social (Holanda, 2005, p. 79).

Como símbolo da nova política, Leonel Brizola escolheu para o comando da Secretaria da Polícia Militar o então coronel da PM Carlos Magno Nazareth Cerqueira, um profissional negro, conhecido e respeitado pela seriedade e competência construída junto à corporação.[37] Já para a Secretaria de Polícia Civil o destacado foi o delegado Arnaldo de Poli Campana, policial que não tinha um histórico de participação em cargos de direção até então e que permaneceu na função até meados de 1986, quando foi substituído pelo advogado Nilo Batista. O trabalho desses profissionais na gestão de Brizola teve como eixo central a abertura à sociedade de determinados canais de participação na elaboração e controle da segurança pública, com ênfase nos direitos humanos.

Na perspectiva apontada, uma das primeiras medidas da nova gestão na área de segurança pública foi acabar com a promoção por bravura. De acordo com Nilo Batista, citado por Holanda:

> [...] a prática, consagrada pelo policiamento militar, sobretudo ao longo dos anos de recrudescimento político, gerava distorções inadmissíveis, que incluíam negociações espúrias da contabilidade de mortos em operação policial (Holanda, 2005, p. 82).

No tocante às favelas, houve uma mudança significativa em relação à atuação da polícia. Pela primeira vez na história da existência dessas localidades, a instituição foi, em certa medida,

---

37 Nazareth Cerqueira tornou-se uma importante referência nacional no que concerne à proposição de uma política de segurança pública que levasse em conta os direitos humanos, a prevenção ao crime, o uso da inteligência e da pesquisa, além da proximidade da polícia com a comunidade. Sua concepção influenciou um grande leque de policiais, pesquisadores e políticos, que passaram a se debruçar sobre o tema no período seguinte, dentre eles Luiz Eduardo Soares, o principal artífice do paradigma de uma segurança pública cidadã no Brasil contemporâneo. Cerqueira foi assassinado em setembro de 1999, quando já estava aposentado da PM, por um sargento da corporação. Embora a razão alegada fosse uma vingança pessoal, muitas pessoas que o conheceram têm dúvidas sobre o envolvimento de outras pessoas e a existência de outros interesses na sua morte. Falo um pouco mais sobre o seu trabalho e influência no capítulo 8 deste livro.

percebida pelos moradores como um órgão do Estado que não estava ali apenas para reprimir. Essa mudança, perceptível do ponto de vista dos residentes, se materializou em ações que se caracterizavam pela tentativa de reconhecimento de que nessas áreas havia cidadãos com direitos idênticos aos de moradores de qualquer outra parte da cidade.

> Na época do Brizola não tínhamos essa coisa de Caveirão. Certamente ele não aceitaria isso. No governo dele havia muita possibilidade de diálogo, eles conversavam primeiro antes de fazer as coisas na Favela. O presidente da Associação de Moradores era respeitado. Eles ouviam a gente. Outra coisa é que não havia o que acontece hoje de a polícia entrar de maneira violenta como entra. O Brizola proibiu que a polícia esculachasse [sic] ou humilhasse morador.
>
> **EX-PRESIDENTE DE UMA DAS ASSOCIAÇÕES DE MORADORES DA MARÉ**[38]

> Certa vez eu estava acompanhando a inauguração de um CIEP[39] e no palanque ouvi o governador Brizola dizer que não admitia que nenhum policial no governo dele enfiasse as botas na porta de um barraco humilde. Se na zona sul era necessário um mandado de busca para se entrar numa residência, o mesmo deveria ser feito em relação aos moradores de favelas.
>
> **DEPOIMENTO DE POLICIAL**

---

38 Todos os depoimentos citados no capítulo, tanto de moradores como de policiais, foram coletados por mim.

39 Centro Integrado de Educação Pública, unidade educacional também conhecida, até hoje, como Brizolão.

Na perspectiva de enfrentamento desse quadro, Brizola apontava que o enfrentamento da violência deveria acontecer a partir da implantação de políticas públicas voltadas para o reconhecimento do grave problema social que caracterizava a vida dos pobres do Estado. A crença era de que o investimento na educação seria fundamental no combate estrutural ao fenômeno da criminalidade, que crescia e já causava insegurança à população do Rio de Janeiro.

Os Centros Integrados de Educação Pública, CIEPs, tiveram então como norte a materialização do horário integral na rede pública de ensino, através da construção de um projeto arquitetônico desenhado por Oscar Niemeyer. O projeto educacional foi um importante carro-chefe do primeiro governo Brizola. Desde sua origem, foi uma iniciativa polêmica e, em alguns casos, questionada pelo conjunto dos profissionais da área de educação. Isso porque, embora atingisse apenas 10% dos alunos da rede pública estadual, absorvia uma parcela significativa do orçamento da educação, ficando a rede de escolas antigas sem qualquer investimento, abandonadas ao sucateamento.

Uma questão emblemática do governo Brizola diz respeito à pouca valorização do profissional da segurança pública e da própria instituição como estrutura. Essa opção política do governador pode ser identificada, por exemplo, pela não convocação de policiais concursados para ocuparem os cargos deixados por antigos policiais que se aposentavam. A criação da Secretaria de Defesa Civil também contribuiu para, de certa forma, diminuir a estrutura e o raio de ação da Polícia Civil. Além disso, não houve investimento na compra de equipamentos de segurança, tampouco na formação dos policiais para atuarem dentro dos preceitos que defendiam.

No tocante especificamente ao problema da violência ocorreu, no período, um aumento considerável da incidência de crimes. O fato, contraditoriamente, criou uma situação de descrédito em relação ao governo, a ponto de nas corporações da polícia, por um lado, circular o juízo de que o governo não tinha compromisso com os órgãos de segurança, relegando-os a mera utilização política e buscando, de certa maneira, desmoralizar a classe dos profissionais da segurança; por outro lado, no seio da sociedade, circulava a percepção de que a violência crescia de maneira desenfreada. O fato gerou um forte aumento da sensação de insegurança e insatisfação, principalmente da parte dos setores médios e ricos do estado do Rio de Janeiro.

> A época do Brizola foi terrível para nós, policiais. Na realidade, o aumento do crime no Rio de Janeiro vem dessa época. Nós, policiais, não podíamos trabalhar direito nas favelas. Ouvíamos que para abordar um morador tínhamos que primeiro se apresentar e falar de maneira bem educada. As batidas, comuns em favelas, não podiam mais ser feitas, somente se houvesse ordem judicial. Essa dificuldade, criada para que o policial não trabalhasse, fez com que os bandidos se sentissem à vontade para cometer crimes e andar despreocupados na favela. Isso gerou o que temos hoje: o policial não pode entrar na favela à paisana, somente em carro blindado.
>
> **POLICIAL MILITAR DO 22º BATALHÃO DA POLÍCIA**

Na realidade, não há dados precisos sobre o acentuado aumento da violência no período em questão. Somente a partir de 1985 os números sobre as ocorrências policiais e a violência, de maneira geral, começam a ser sistematizados, mesmo que de maneira incipiente.[40] De qualquer forma, alguns dados do período podem ilus-

---

40 A forte oposição dos meios de comunicação contribuiu, certamente, para a ampliação do sentimento de insegurança da população, pois aqueles enfatizavam, de maneira cotidiana,

trar e ajudar na compreensão do processo de alegado crescimento da violência na ocasião.

Como podemos observar na tabela a seguir, a incidência de violência no caso dos homicídios dolosos teve um aumento significativo; quando olhamos os últimos dois anos do primeiro governo Brizola fica evidente a tendência de crescimento. Uma questão importante que se coloca, então, é sobre o quê, de fato, gerou essa situação? Foram esses anos, 1983 a 1986, determinantes para a disseminação da violência e a instauração da situação hoje existente?

Um fato reconhecido pelos pesquisadores que tratam do tema da segurança pública no Rio de Janeiro é a coincidência da construção de um novo modelo de segurança, centrado no respeito aos direitos fundamentais dos moradores de favelas e periferias, e o fortalecimento do tráfico de drogas na cidade. Esse último processo foi fruto, em especial, do surgimento de organizações criminosas que se dedicaram a controlar os territórios populares, tal como as que viriam a ser denominadas Comando Vermelho e Terceiro Comando.

O segundo fenômeno não tem, necessariamente, relação com o primeiro. O Rio de Janeiro se tornou, no início dos anos 1980, um eixo estratégico na rota internacional de drogas, em especial da cocaína. Os cartéis colombianos, principalmente os de Medellín e de Cáli, passaram a controlar a oferta internacional dessa droga, que atingiu um preço muito abaixo de sua média histórica. Em função desse processo de 'industrialização da cocaína', ocorreu a democratização de seu acesso, o que aumentou o seu mercado de forma exponencial.

---

a piora do quadro de segurança do Estado. Nesse caso, houve o descolamento, no período do governo Brizola, entre a situação objetiva da segurança pública e a representação que se tinha geralmente do fenômeno. Em especial porque as formas de violência, tal como a violência letal, foram provocadas, dentre outras razões, pelo crescimento progressivo das quadrilhas de traficantes de drogas. Esse fenômeno vinha ocorrendo no interior das favelas e ainda não atingia as partes nobres da cidade do Rio de Janeiro. Falaremos mais sobre essa questão no item em que tratamos do tema 'representação e as favelas'.

TABELA 1 — HOMICÍDIOS DOLOSOS REGISTRADOS PELA POLÍCIA CIVIL NA CIDADE DO RIO DE JANEIRO DE 1985 A 2006, POR 100.000 HABITANTES

ANO	POPULAÇÃO	NÚMERO DE HOMICÍDIOS DOLOSOS	NÚMERO DE HOMICÍDIOS DOLOSOS POR 100.000 HABITANTES
1985	5.268,004	1735	32,9
1986	5.303.464	1915	36,1
1987	5.338.925	2135	40,0
1988	5.374.386	2463	45,8
1989	5.409.847	3131	57,9
1990	5.442.424	ND	ND
1991	5.480.768	3.467	63,3
1992	5.508.048	3.545	64,4
1993	5.547.033	3.733	67,3
1994	5.577.141	4.081	73,2
1995	5.606.497	3.744	66,8
1996	5.551.538	3.081	55,5
1997	5.569.181	2.852	51,2
1998	5.584.067	2.119	37,9
1999	5.598.953	2.361	42,2
2000	5.857.907	2.737	46,7
2001	5.902.587	2.437	41,3
2002	5.947.852	2.718	45,7
2003	5.993.707	2.574	42,9
2004	6.040.160	2.653	43,9
2005	6.087.219	2.406	39,5
2006	6.134.892	2.465	40,2

FONTE: Tabela montada a partir dos dados constantes no site CESEC.
HOMICÍDIOS, POLÍCIA CIVIL DO ESTADO DO RIO DE JANEIRO: de 1985 a 1989: nº de registros; 1990: não há dados confiáveis, nem de registros, nem de vítimas; de 1991 a 2005: nº de vítimas.

Nesse contexto, o Rio de Janeiro se tornou também um importante polo consumidor da droga. Com isso, no quadro de ausência histórica da presença regular da instituição policial nas favelas, criaram-se as condições para a ampliação do controle desses espaços pelas quadrilhas de traficantes.

Logo, o limite do governo Brizola não foi a política centrada nos direitos humanos, mas a sua incapacidade de construir um modelo de repressão ao crime eficiente, que levasse em conta o crescente domínio dos espaços favelados por grupos criminosos vinculados ao tráfico de drogas. Na verdade, o paradigma em construção não conseguiu na época materializar-se em um formato de ação, no campo da segurança pública, que funcionasse como alternativo para o modelo centrado na repressão indiscriminada e na violência institucionalizada. Com isso, cristalizou-se na corporação e em grandes parcelas da sociedade uma representação de inação, desinteresse e desprezo às corporações policiais. Ao fenômeno se associava, naquela conjuntura, um profundo sentimento de desconfiança dos grupos da esquerda política do país com as instituições de segurança pública, tendo em vista o papel historicamente repressivo dessas últimas. A ênfase nas políticas sociais era percebida como uma renúncia às ações de segurança em si, desconsiderando o papel das forças policiais na garantia de segurança pública e repressão ao crime.

Além disso, o Governo Brizola foi marcado pela incapacidade de enfrentar, de forma eficaz, os vícios presentes na cultura policial carioca. Assim, ele foi acusado, em diversos momentos, de aceitar dinheiro da contravenção — dos banqueiros do Jogo do Bicho — e ser conivente com a corrupção. Além disso, aceitara no PDT (Partido Democrático Trabalhista, do qual fazia parte), ou fizera alianças com políticos marcados pela pecha da corrupção, clientelismo e fisiologismo, em particular os ligados ao antigo governador Chagas Freitas. Em função dessas denúncias e da forma caudilhesca como se relacionava com os grupos sociais populares, sua principal base de apoio, Brizola também era atacado por diversos setores da sociedade civil e outros partidos do campo progressista.

Diante desse leque de enfrentamentos e da conjuntura econômica inédita de 1986, dominada pelo Plano Cruzado, que congelou os preços e salários, o PDT enfrentou dificuldades com a candidatura de Darcy Ribeiro, que perdeu as eleições para Moreira Franco, eleito pelo PMDB.

O Estado do Rio de Janeiro governado por Moreira Franco

Wellington Moreira Franco governou o Rio de Janeiro entre 1987 e 1990. Ex-deputado federal e ex-prefeito de Niterói, no Rio de Janeiro, ganhou as eleições com uma promessa bombástica: acabaria com a violência criminosa em seis meses.[41] O foco na questão se deu devido ao sentimento profundo de insegurança que se instalou na Região Metropolitana do Rio de Janeiro e pelo clamor dos setores dominantes da sociedade carioca contra a forma como o governo anterior havia tratado a política de segurança pública. Na realidade, tinha-se cristalizado no período um juízo de que o governo Brizola não atuara de modo satisfatório para reprimir e punir as pessoas envolvidas nas atividades ilícitas; ao contrário disso, permitia aos criminosos agirem livremente, sem a devida ação para reprimi-los.

---

41 Anos depois, em discurso pessoal, o ex-governador revelou-se arrependido da promessa despropositada e afirmou ter sido conduzido ao erro pelo marqueteiro da sua campanha eleitoral. Ele tinha dado início ali ao tratamento eleitoral da questão da segurança pública e seu fracasso foi tão patente que nunca mais Moreira Franco se elegeu para um mandato majoritário.

Moreira Franco assumiu o governo com um discurso de combate à violência numa ótica de cumprimento da lei, com a garantia de preservação da vida e da retomada da autoridade dos órgãos de polícia. No trecho do discurso abaixo, podemos observar a reafirmação feita no período da campanha eleitoral de que o combate ao crime seria uma de suas prioridades.

> Temos o compromisso público de reduzir a criminalidade, da qual todos somos vítimas diárias e indefesas. Não perderemos de vista que a miséria é o fermento original desse flagelo, nem usaremos a violência como arma para combater a violência. À população, entretanto, asseguro que o Estado cumprirá seu dever indelegável de garantir o direito à vida, restaurando o princípio da autoridade e a eficiência de suas polícias.
>
> **DISCURSO DE POSSE DE MOREIRA FRANCO NO GOVERNO DO ESTADO DO RIO DE JANEIRO EM 15 DE MARÇO DE 1987**

O novo governador sinalizava também a necessidade de o Estado garantir ao cidadão de fato — aqueles que pagavam impostos — a devida segurança pública, por meio da ordenação efetiva da cidade pelo Poder Público. A proposição ecoou fortemente nos setores médios e ricos do Rio de Janeiro. A alegação central era de que o governo deveria agir de maneira severa e com firmeza, a fim de tomar as rédeas da situação pretensamente caótica que se estabelecera. Na composição da nova equipe da segurança pública, assumiu o comando da Polícia Civil o advogado Marcos Heusi, ligado ao PMDB. Para a direção da Secretaria responsável pela Polícia Militar, foi designado o coronel Manoel Elysio de Freitas, que ficou no cargo até se aposentar, sendo substituído pelo coronel Jorge de Paula.

As nomeações dos novos secretários não se realizaram sobre os auspícios de bom funcionamento ou da competência profissional, mas, sim, da conveniência política. Heusi era um advogado ligado ao partido que levara o governador ao poder e em vista de uma articulação política partidária foi alçado ao posto de secretário. Manoel Elysio tornou-se secretário através de uma articulação interna da corporação que previa inclusive o tempo que ficaria no poder e o seu provável substituto, o coronel Jorge de Paula (Marino, 2004, p. 98).

No curto período de seis meses em que permaneceu no cargo, o secretário de Polícia Civil, de maneira espetaculosa, realizou em uma área nobre da cidade, o aterro do Flamengo, uma solenidade de entrega de centenas de viaturas aos policiais militares e civis. Essa atitude simbólica tinha como propósito mostrar à sociedade o diferencial desse novo governo em relação ao anterior, que não teria oferecido condições mínimas de trabalho ao policial.

Demitido em função da falta de resultados no período, Marcos Heusi foi substituído por outro advogado, Hélio Saboya, procurador do Estado. Embora não fosse profissional de carreira, Saboya se tornou muito querido pelos policiais por atuar bastante na melhoria da condição de trabalho dos profissionais de segurança pública. Permaneceu no cargo até o mês de abril do último ano de governo de Moreira. Em seu lugar, seguiu até o final desse governo o delegado Heraldo Gomes, profissional dos quadros da polícia desde longa data.

> Hélio Saboya foi um secretário de Polícia Civil muito bom para o policial. Ele valorizou o profissional de polícia, lutando junto ao governador para que houvesse reposições de salários. Eu me lembro que teve uma vez que ele conseguiu um aumento em três parcelas, de 17%, 20% e 20%. Há muito tempo não tínhamos um aumento assim.

> Outra coisa importante de Hélio Saboya era que ele trabalhava a autoestima do policial. Certa vez ele promoveu um almoço no dia do policial, em 29 de setembro, no Clube Portuguesa, na Ilha do Governador. Nesse dia, ele levou a cantora Alcione, o cantor Aguinaldo Timoteo e organizou um churrasco para toda a classe dos policiais civis. Isso só aconteceu essa vez.
>
> **DEPOIMENTO DE POLICIAL**

No plano organizacional e de gestão da segurança pública, o novo governo não ousou na criação de novas estruturas para além do que havia realizado Leonel Brizola. O eixo da ação pública na área se baseou no que se tornaria uma tradição nos governos posteriores: o investimento prioritário em veículos e armas — sendo o grau de letalidade dessas progressivamente ampliado. Além disso, foram realizadas apenas algumas reformas em batalhões e a construção do presídio de segurança máxima Bangu I.

O período de Hélio Saboya e Manoel Elysio na direção das polícias Civil e Militar, respectivamente, foi marcado por muitas operações visando à captura de chefes do tráfico de drogas nas favelas e a apreensão de armas, sendo os resultados apresentados à imprensa diretamente pelo governador. As práticas demonstram a definição dos espaços das favelas como as arenas nas quais se travava a luta contra a criminalidade, com um nítido esforço para construir uma política de segurança pública oposta à experiência do governo anterior. O juízo criado era de que o Estado do Rio de Janeiro estava entregue aos grupos criminosos, que faziam, de maneira impune, o que bem desejavam. Nessa lógica de ação, recuperou-se a tradicional doutrina belicista das forças armadas de combate ao crime e as favelas foram sendo progressivamente representadas como responsáveis pelo recrudescimento da violência e da criminalidade na cidade. A seguir, os chefes do tráfico de drogas foram demonizados e tornaram-se os inimigos públicos, por excelência.

A volta das batidas — incursões policiais sem prévio aviso — nas favelas significou para os moradores um retrocesso no processo de conquistas de direitos, em particular a preservação da privacidade do espaço doméstico.

> A volta da chegada da polícia sem avisar na favela foi algo muito ruim para nós, moradores. Saímos de uma situação em que a polícia tinha que respeitar o trabalhador para a total falta de respeito com quem mora na favela. Um dia eu vivi isso na minha família. Eu tinha um irmão que era alcoólico e que vivia na rua até de madrugada. Um dia ele viu a polícia e saiu correndo. Ele tava doidão. Quando ele entrou em casa, a polícia foi atrás e subiu até a laje. Quando o meu irmão viu a polícia subindo atrás dele dentro de casa, ele ficou desesperado, o que acabou acordando a minha mãe e outro irmão meu. Quando o policial chegou na laje começou a atirar e o meu irmão foi baleado. Com a confusão instalada e o meu irmão sendo operado no hospital, foi se ver que ele era trabalhador e que aquilo tudo era um absurdo ter acontecido.
>
> **MORADOR DA VILA DOS PINHEIROS, PARENTE DE VÍTIMA DE VIOLÊNCIA POLICIAL**

A lógica de enfrentamento assumida pelo governo do Estado gerou uma resposta nas mesmas bases das organizações criminosas. Assim, os grupos armados que dominavam o tráfico de drogas nas favelas ampliaram sua capacidade bélica, em relação à quantidade e à sofisticação de suas armas. Como efeito perverso, a corrida armamentista diminuiu o valor das armas curtas, revólver e pistola, e difundiu o seu uso nos crimes cotidianos. Nessa perspectiva, o número de mortos não parou de crescer, assim como a violência da guerra na vida cotidiana dos moradores das favelas.

O recrudescimento da violência, o crescimento dos grupos armados e os conflitos entre diferentes facções criminosas nas favelas fizeram com que a questão da repressão à venda das drogas fosse ocupando a agenda dos órgãos responsáveis pela segurança pública. O combate aos grupos que traficavam drogas nas favelas foi intensificado, com uma ênfase desproporcional ao enfrentamento dos grupos varejistas, sem uma devida preocupação com os traficantes de grande escala, responsáveis pelo envio de drogas às favelas.

> Um incidente desse período, que ilustra bem o fortalecimento dos grupos armados, foi quando um chefe do tráfico de drogas do Morro do Adeus, em Ramos, chamado Uê,[42] atacou a 21ª Delegacia de Polícia, em Higienópolis. Ele passava em grupos distribuídos em vários carros, num bonde, como chamamos, e atiravam em direção à Delegacia. Vários policiais ficaram feridos nesses episódios. Tenho um amigo que anda em cadeira de rodas, decorrente desse ataque.
>
> **DEPOIMENTO DE POLICIAL**

---

42 Uê se tornaria, posteriormente, um dos criminosos mais poderosos do Rio de Janeiro e, depois de romper com o Comando Vermelho, fundou a facção ADA — Amigos dos Amigos.

Num quadro de violência crescente no Rio de Janeiro, o governo de Moreira Franco chegou ao seu final com um saldo extremamente negativo, do ponto de vista de suas promessas iniciais, e desmoralizado, em função do alegado compromisso de acabar com a violência em um curto período.[43] De fato, não aconteceram mudanças substanciais em relação à segurança pública, a insatisfação dos grupos sociais populares era intensa e o governo não dera sequência a boas experiências efetivadas no governo anterior. Nesse quadro, Leonel Brizola continuava a ser a referência para amplos setores da população, em particular os mais pobres. Derrotado na primeira eleição presidencial realizada após a ditadura militar, em 1989, ele se lançou candidato a governador em 1990. O candidato do PDT obteve mais da metade dos votos e se tornou, pela segunda vez, governador do Estado do Rio de Janeiro.

A volta de Leonel Brizola ao governo do Estado

O novo mandato do velho caudilho, entre 1991 e 1994, foi assumido numa perspectiva de se retomar projetos iniciados na primeira gestão e interrompidos pelo governo Moreira Franco. A fácil vitória fora provocada, principalmente, por dois fatores: o desgaste sofrido por Moreira devido ao aumento significativo da violência e da sensação de insegurança generalizada no Estado, e o descontentamento dos moradores de favelas e periferias pela atuação repressora e violenta das forças policiais. Nesse sentido, a vitória

---

43 Um fato simbólico do desgaste do governador e do fracasso de sua política de combate ao crime foi a recepção, ao final de sua gestão, a um grupo de notórios contraventores, ligados ao Jogo do Bicho, no Palácio da Guanabara, sede do governo.

de Brizola revelou o quanto a pauta da segurança pública passou a ter importância na definição do governador.

No plano da estrutura organizacional, não houve novas alterações, sendo mantidas as duas secretarias, uma voltada para a coordenação da Polícia Civil e a outra dedicada à Polícia Militar. No caso da última, foi convidado a retomar o cargo de secretário o coronel da PM Carlos Magno Nazareth Cerqueira, que assumiu a direção da instituição durante toda a primeira gestão de Brizola. Já a Secretaria de Justiça e de Polícia Civil foi assumida pelo advogado Nilo Batista, que também era vice-governador, pertencia ao mesmo partido de Brizola e gozava de grande prestígio como advogado, tendo sido presidente da Ordem dos Advogados do Brasil, seção Rio de Janeiro, durante vários anos. Ele atuara profissionalmente na defesa de Brizola em seu retorno à vida pública, após a abertura política no Brasil.

Por um lado, havia a expectativa de parte da sociedade de que a polícia deixaria de atuar de maneira violenta nas áreas onde os grupos armados de traficantes de drogas predominavam, ou seja, nas favelas. Por outro lado, os mesmos setores que se opunham ao primeiro governo temiam o que poderia acontecer no Estado do Rio de Janeiro, já que o consideravam responsável pelo crescimento da violência e o acusavam de ser conivente com grupos ilícitos.

No quadro de tensão, Nilo Batista investiu na ideia de que era necessário aparelhar as polícias e priorizar o enfrentamento de alguns tipos de crimes, como assaltos e sequestros, que atingiam de maneira direta as camadas médias e ricas da sociedade. Diante do crescimento exacerbado do crime de sequestro, em função da ação das facções criminosas, foi criada a Divisão Antissequestro, DAS. A resposta imediata do governo à violência que afetava os setores sociais mais ricos, e com maior poder de pressão, não se dava da mesma maneira em relação às populações mais pobres.

Ao contrário da primeira gestão de Brizola, houve um acirramento da violência, de diferentes ordens, nos territórios favelados e o aprofundamento de uma prática policial que não considerava o morador com os mesmos direitos daqueles de outras partes da cidade. O aumento da violência policial e a autonomização de parcelas da instituição em relação ao governo tiveram expressão maior na famosa chacina ocorrida na favela de Vigário Geral, em 1993. Vinte e uma pessoas foram assassinadas, como um ato de vingança, por um grupo criminoso formado por policiais militares denominado Cavalos Corredores. O fato é emblemático por revelar a representação perversa e preconceituosa de que só residiriam suspeitos e criminosos nas favelas. O depoimento de um morador impressiona pela clareza e também indignação com o tratamento dispensado aos moradores de favelas no Rio de Janeiro.

> As pessoas mortas na chacina de Vigário Geral me mostraram o quanto quem mora na favela não vale nada. Quando é que a gente tem notícia de a polícia fazer uma batida em Ipanema ou na Barra e chegar entrando nos prédios empurrando as portas dos apartamentos e atirando sem saber quem são as pessoas? Alguém pode me dizer se isso já aconteceu alguma vez? Lá, eles fazem durante um tempão investigação, procuram o alvo certo, pegam autorização da Justiça para chegar e prender as pessoas. Lá, eles prendem, não matam sem saber quem estão matando.
>
> **MORADOR DA FAVELA NOVA HOLANDA, PARENTE DE PESSOAS RESIDENTES EM VIGÁRIO GERAL**

Apesar das dificuldades na relação com os cidadãos dos territórios populares, foram desenvolvidos, no segundo governo Brizola, alguns projetos importantes para estreitar os vínculos entre a polícia e a sociedade. Um deles foi a Central de Denúncias, que consistia em um sistema telefônico para denúncias que as pessoas, de forma anônima, desejassem fazer. Esse serviço era ligado à vice--governadoria, tendo sido o embrião do que é conhecido, atualmente, como Disque-Denúncia. Outro projeto inovador para as áreas faveladas foi o Centro Comunitário de Defesa da Cidadania (CCDC). A ideia original do projeto era manter profissionais da área de segurança pública, além da oferta de determinados serviços, como retirada de documentos de identificação, acesso à Justiça por meio da Defensoria Pública e outros diretamente à população dessas regiões. Essa estrutura persiste até os dias atuais, inclusive na Maré, porém sua missão foi esvaziada ao longo dos anos.

Em abril de 1994, Leonel Brizola deixou a função de governador para concorrer outra vez às eleições presidenciais. Nilo Batista assumiu o cargo de governador, dentro do mesmo espírito empreendido anteriormente. Em seu lugar, como secretário da Polícia Civil, assumiu o delegado Mario Covas, que possuía um longo histórico de competência e honestidade no exercício da profissão de policial. Nesse período curto em que Nilo Batista foi governador, houve, todavia, um aumento significativo da violência e, de certa maneira, pouco apoio da sociedade diante das medidas encaminhadas para enfrentar um fenômeno que se tornava, na percepção do conjunto da população, cada vez mais incontrolável. Nesse quadro, surge como grande esperança para superar a crise de gestão do Estado do Rio de Janeiro um ex-dirigente do PDT, que rompera com Leonel Brizola e se integrara ao PSDB (Partido da Social Democracia Brasileira): Marcello Alencar.

Manifestação contra violência armada de Estado, realizada em frente ao Palácio Guanabara, sede do Governo do estado do Rio de Janeiro, em 2020. FOTO: KAMILA CAMILLO

ASTA

Familiares de vítimas da violência armada participam de ato contra a violência de Estado em frente ao Palácio Guanabara, sede do Governo do estado do Rio de Janeiro, em 2020.

FOTO: KAMILA CAMILLO

ANGUINHOS
Afonso Mauricio Linhares
18/06/2014
da Silva
29/01/2019
NOSSOS MORTOS TEM VOZ!!!
O SILENCIO DA CLASSE
MEDIA BRANCA
VIRAM CORPOS
NEGROS
ASSASSINADO PELA
POLICIA.

Marcello Alencar é eleito governador do Estado

No mesmo cenário de crise na área da segurança pública que caracterizou os três mandatos de governadores do período democrático, Marcello Alencar foi eleito para o mandato entre 1995 e 1998 afirmando que tinha soluções concretas para a resolução dos problemas da violência no Estado. No acirrado pleito eleitoral que disputara, foram considerados, pelo conjunto dos candidatos, o agravamento da violência, o descaso e a complacência dos governos anteriores com os grupos ilícitos, especificamente os de Leonel Brizola. Naquele quadro, Alencar se elegeu prometendo ser enérgico e combativo no enfrentamento dos grupos criminosos.

Na gestão da segurança pública, o governador definiu retornar ao modelo de estrutura anterior ao primeiro governo de Leonel Brizola. Assim, as polícias militar e civil ficaram sob uma única estrutura: a Secretaria Estadual de Segurança Pública. A ideia básica do governador era definir uma orientação unificada para as polícias do Estado, de modo a garantir sinergia nas ações das corporações historicamente rivais. O secretário de Segurança Pública que assumiu no período foi o general Euclimar Lima da Silva. Para o comando da Polícia Militar, foi escolhido o coronel Dorazil Castilho Corval, em função de uma trajetória profissional considerada honesta e dedicada à corporação. Na Polícia Civil, assumiu o delegado Dilermando Amaral, que viria a ser substituído, poucos meses depois, pelo delegado Hélio Luz, identificado então com o Partido dos Trabalhadores e com os movimentos sociais.

As noções de ordem e combate, duas expressões que representam princípios militares, definiram sobremaneira a lógica de formação do novo governo na área da segurança pública, que se baseou na parceria com o Exército para montar a estratégia de enfrentamento do crime no Rio de Janeiro. A expectativa, ao se entregar o comando dessa pasta a um general, era de que, como ocorrera em 1992, durante a realização do evento internacional ECO-92 na cidade, o Exército assumisse o patrulhamento das ruas, o controle das entradas e saídas das favelas, entre outras ações. A presença das Forças Armadas nas ruas do Rio de Janeiro era uma demanda antiga dos setores mais conservadores da população e vista como uma saída para solucionar os problemas da criminalidade, em particular no que diz respeito ao enfrentamento dos grupos criminosos nas favelas.

O novo secretário de segurança, que coordenara as ações do Exército durante a ECO-92, assumiu afirmando que:

> [...] a redução da criminalidade urbana só ocorreria no Rio de Janeiro com a presença efetiva das forças armadas no policiamento urbano e que a presença do Exército nas ruas era essencial para solucionar a crise que a cidade estava enfrentando (Marino, 2004, p. 115).

As medidas de combate à criminalidade baseadas na repressão e uso da violência, principalmente nas favelas, geraram um aumento significativo no enfrentamento entre os grupos criminosos e a polícia, mas não contribuíram para a diminuição dos índices de violência. Ao contrário, a sensação de insegurança e medo por parte dos moradores do Rio de Janeiro cresceu, assim como a incapacidade do governo de dar respostas convincentes nesse campo para a sociedade. Naquele quadro de pressão, o então secretário de segurança, general Euclimar da Silva, pediu demissão. Ele foi substituído por outro general, Nilton Cerqueira, integrante da ala mais repressiva do período de ditadura militar e responsável pela morte de um ícone da luta armada no Brasil: Carlos Lamarca.

O secretário Cerqueira apresentou à sociedade um discurso severo, centrado na defesa da ordem social. Nele, as favelas eram identificadas como os locais de geração da violência e de onde saíam os males que atingiam toda a população do Rio de Janeiro.

Segundo o general, o Estado, através da polícia, deveria ocupar e controlar a vida dessas localidades.

> O período no qual mais se combateu os bandidos das favelas foi quando assumiu o general Cerqueira, no governo de Marcello Alencar. Naquela época, nós tínhamos um comando, uma ordem. Os policiais eram reconhecidos como os profissionais que deveriam colocar a ordem e nos era dado o respaldo para as ações que realizávamos. Agora, o governo está preocupado em como os fatos vão chegar na imprensa e como repercute na sociedade. Nós, os policiais, temos de nos submeter a uma situação na qual não podemos nem entrar nas favelas. Os bandidos tomaram conta. E por que isso aconteceu? Justamente porque faltam comando e firmeza, como já tivemos na época do general Nilton Cerqueira.
>
> **POLICIAL MILITAR LOTADO NO 22º BATALHÃO DE POLÍCIA, NA MARÉ**

Uma das principais — e mais polêmicas — medidas do general Nilton Cerqueira foi a recompensa e reedição da promoção por bravura aos policiais que efetivassem atos de enfrentamento ao crime, além da autorização para que os policiais pudessem utilizar uma segunda arma em serviço, aumentando o poder de fogo desses profissionais. Essas atitudes tiveram um papel determinante no aumento dos homicídios nos quais havia profissionais da segurança pública envolvidos, mas os homicídios realizados por policiais passaram a ser identificados como autos de resistência — considerados pelas organizações de defesa dos direitos humanos como um instrumento de proteção aos policiais, quase uma licença para matar. Com esse leque de medidas, a cúpula da secretaria de segurança sinalizava aos policiais que eles poderiam agir de forma truculenta, em particular nos espaços populares, sem temor de punição.

A orientação de atuar de maneira agressiva, como se houvesse uma guerra em curso, atingiu diretamente a vida cotidiana dos moradores das favelas. O alvo reconhecido era os integrantes do tráfico de drogas, considerados, na versão da polícia e da grande mídia, como os responsáveis por toda a violência que se espraiava pelo Rio de Janeiro. O enfrentamento ao domínio territorial desses grupos, identificados a partir de organizações que controlavam áreas específicas, se deu a partir de incursões bélicas nas favelas. Transformadas em campos de batalha, os moradores passaram a ter o seu cotidiano marcado por momentos de terror e medo.

O dado mais curioso na gestão do general Cerqueira foi a participação do delegado Hélio Luz, advogado com longa trajetória no campo da defesa dos direitos humanos. Por solicitação do secretário de segurança, Luz assumiu a Divisão Antissequestro e depois a chefia da Polícia Civil. Em livro no qual é apresentada a sua experiência como homem público, ele pontua que, apesar das diferenças ideológicas entre ele e o general, foi possível atuar sobre o que se relacionasse diretamente ao trabalho de segurança pública. Frente à pergunta de um jornalista na época sobre como se sentia trabalhando com o homem que, 25 anos antes, matara Lamarca, o delegado respondeu nos seguintes termos: "[...] sou um funcionário de carreira da polícia e o país vive tempos diferentes. Na época da ditadura, eu e o general estaríamos em lados opostos. Eu não mataria o Lamarca, estaria ao lado dele" (Benjamin, 1998, p. 38).

Ao assumir a chefia de polícia, Hélio Luz enfrentou uma forte resistência da corporação. Ao perceber a greve branca dentro da polícia, Luz reuniu um grupo de policiais mais antigos, comissários e inspetores, que chefiavam as investigações nas delegacias, a fim de exigir empenho e compromisso no combate aos crimes identificados. Dessa reunião, formou-se o grupo Astra, que, no período de Hélio Luz, foi fundamental para o conjunto de prisões e combate ao crime.

> O período do delegado Hélio Luz na chefia de polícia foi o mais sério e atuante na polícia. Foi o período no qual todas as investigações iam até o final. Os policiais se sentiam estimulados a trabalhar e ir até o final nas investigações. Outra coisa importante que eu vi na gestão do Hélio Luz foi a valorização do policial. Na época tinha um esquema de fornecimento de refeições para presos e policiais. A compra pelo Estado era com valores superfaturados. Quando ele assumiu, rompeu esse contrato e passou a dar ticket refeição à corporação.
>
> **DEPOIMENTO DE POLICIAL CIVIL**

Desse período de atuação conjunta do general Nilton Cerqueira e do delegado Hélio Luz, identificamos um leque de ações no sentido demonstrar à sociedade que o governo estava enfrentando o problema da violência no Rio de Janeiro. Assim, operações para prender traficantes de drogas, inibir sequestros, proibir o jogo do bicho, entre outras eram frequentes. Na ocasião, várias pessoas acusadas de liderarem o tráfico de drogas nas favelas foram presas.

Ocorre, entretanto, que a escalada da violência não diminuiu. Ao contrário, recrudesceu, numa demonstração do quanto os efeitos da política de incentivo ao enfrentamento do crime, através do uso da força pelos profissionais da segurança, foi ineficiente em termos de resultados da melhoria da sensação de insegurança na qual viviam e ainda vivem os moradores do Rio de Janeiro. Além disso, o governo de Marcello Alencar estava profundamente desgastado por acusações de corrupção no processo de privatização indiscriminada de todas as instituições estatais do Rio de Janeiro durante o seu governo e pela incapacidade de apresentar propostas inovadoras para a questão social. Nesse quadro, a partir de uma aliança inédita com o Partido dos Trabalhadores, o PDT elegeu o seu candidato derrotado em 1994, Anthony Garotinho.

Anthony Garotinho Governador

Um fato inédito ocorreu na eleição para governador de 1998: pela primeira vez um político do interior se elegeu para governar o Estado, resultado da fusão de Guanabara e Rio de Janeiro, em 1975. Ex-prefeito de Campos, cidade localizada no extremo norte do Estado, seu nome é Anthony William Matheus de Oliveira, mais conhecido como Anthony Garotinho.

O novo governador, ao contrário dos políticos que o antecederam, pautou o tema da segurança pública no pleito eleitoral a partir de um viés, até então, inovador. A abordagem escolhida foi reunir pesquisadores sobre o tema da segurança pública para pensar em outra forma de tratar o fenômeno da violência. A maioria deles era, cabe salientar, tributário do paradigma proposto pelo coronel Nazareth Cerqueira. O discurso eleitoral de Anthony Garotinho, então, foi centrado na valorização dos profissionais da área da segurança; no compromisso de combater o crime através do desenvolvimento de estratégias inteligentes e através do cumprimento estrito da lei; e, acima de tudo, no reconhecimento do direito à segurança pública para todos os cidadãos.

O sociólogo e professor Luiz Eduardo Soares foi convidado a coordenar o programa de segurança pública do candidato Garotinho, tendo sido o principal formulador das suas proposições nesse campo. A ideia de pautar a segurança pública numa perspectiva diferenciada ao que se tinha até então foi condensada num livro intitulado 'Violência e criminalidade no estado do Rio de Janeiro', resultado do encontro do futuro governador e do grupo de pesquisadores que Soares coordenava.

O sentimento por parte dos pesquisadores era de que aquela era a oportunidade de colocar em prática as propostas idealizadas em anos de estudos sobre o tema, a partir da certeza de que o item seria primordial na agenda de qualquer governador que quisesse tratar seriamente a questão da segurança pública no Rio de Janeiro.

> Estou convencido de que o problema da segurança pública em nosso país, e em particular em algumas grandes cidades, é tão grave e urgente, que exige de nós a superação de preconceitos ideológicos, pruridos partidários e de faccionalismos, para que se forme uma ampla coalizão nacional pela civilização e contra a barbárie, reunindo conservadores, liberais, social-democratas, socialistas e comunistas de diferentes matizes. Todos os que se disponham a considerar que a imposição das leis por meios legais e legítimos é uma condição inescapável da vida pacífica em coletividade (Soares, 2000, p. 49).

Havia, contudo, já no início da formação do governo, diferenças quanto aos nomes adequados para a equipe da área de Segurança Pública, embora a estrutura herdada de Marcello Alencar fosse mantida. Como secretário de segurança, o novo governador escolheu o general José Siqueira, um profissional que se colocou, desde o início, identificado com as ideias do general Nilton Cerqueira. Essa opção de Garotinho se mostrou dissonante com o percurso feito pelo grupo até então e contrariou os formuladores das propostas eleitorais no quesito segurança pública.

O governador Garotinho, diante da primeira crise na área de segurança, propôs a Luiz Eduardo Soares a criação de um grupo de trabalho que, junto com o general José Siqueira, prepararia o programa para a área de segurança no seu governo. Esse grupo de trabalho teria representantes da sociedade civil, da Polícia Civil, o secretário de Segurança Pública, além de Soares, nomeado subsecretário de Pesquisa e Cidadania. O plano de trabalho elaborado abrangia um conjunto de medidas que iria desde a modernização das delegacias, através da implantação do projeto 'delegacia legal', passava pela criação de novas unidades para a Polícia Militar até a valorização dos profissionais da segurança pública através da formação e melhoria de salários. Foi proposta, ainda, a criação de programas de melhoria do relacionamento junto à população e de conselhos de participação da sociedade civil.

Especificamente sobre o trabalho de segurança nas áreas faveladas do estado, o novo governo propunha a implantação de um projeto batizado Mutirão pela Paz, baseado na articulação de diferentes órgãos públicos, como DETRAN, Secretarias de Ação Social, de Educação, de Saúde, Ministério Público e outros, a fim de que passassem a atender às demandas dos moradores de forma integrada. A ideia foi combinar a ocupação policial com o desenvolvimento de ações no campo social. Além disso, buscou-se um tipo diferenciado de relação com as populações de favela, com ênfase na criação de uma nova cultura de relacionamento entre polícia e moradores.

Em julho de 2000, uma nova proposta de policiamento comunitário foi colocada em prática através da criação do Grupamento de Policiamento em Áreas Especiais (GPAE). Esse projeto, um pouco mais elaborado que o Mutirão da Paz, propunha a criação de um espaço dentro das favelas no qual seriam desenvolvidas ações de relacionamento com os moradores e o estabelecimento de parcerias. Na implementação dessa iniciativa, a organização não governamental Viva Rio foi uma parceira estratégica, no sentido de formular e buscar a inserção das organizações locais no projeto. A primeira favela que recebeu o GPAE foi o complexo Cantagalo, Pavão e Pavãozinho, localizado na Zona Sul da cidade do Rio de Janeiro.

A criação da nova unidade de polícia dentro da favela levava em conta desde a formação dos policiais que ali trabalhariam até formas de mediar a influência exercida pelos grupos armados que controlavam essas localidades. Centrado na valorização da vida e na mediação de conflitos, o GPAE foi um projeto ousado, que se apresentava como um dos caminhos para repensar a atuação da polícia nas favelas. Até o final do governo Garotinho, o projeto GPAE foi ampliado para as seguintes favelas: Cavalão, no município de Niterói, Formiga, Chácara do Céu, Casa Branca e Vila Cruzeiro, todas localizadas na cidade do Rio de Janeiro.

A escolha dos dirigentes das polícias Civil e Militar também foi palco de certo desconforto entre o general Siqueira e Luiz Eduardo Soares. Depois de algumas negociações, o governador optou por nomes identificados com as proposições do último. Então foi escolhido como chefe da Polícia Civil o delegado Carlos Alberto D'Oliveira e na Polícia Militar o coronel Sérgio da Cruz. A convivência diária com uma perspectiva inovadora de segurança e, ao mesmo tempo, a direção de um general que, reconhecidamente, acreditava ser necessário o uso prioritário da força no enfrentamento da violência, trouxe muito cedo para o governo as contradições inerentes dessa escolha de atuação conjunta a partir de princípios e ideias antagônicos. Em pouco tempo, várias crises e desentendimentos afloraram. Nesse embate, o general Siqueira deixou o governo, assumindo o posto o coronel Josias Quintal, parceiro político de Garotinho em Campos. Na chefia de Polícia Civil assumiu o delegado Rafik Louzada Aride, exonerado alguns meses depois devido a denúncias de corrupção. Assumiu em seu lugar o delegado Álvaro Lins, que foi até o final do governo e continuou no posterior, de Rosinha Garotinho.[44]

44 Apontado como o chefe de uma rede de corrupção formada a partir da Polícia Civil durante o exercício do cargo e de vinculação com o crime organizado, Álvaro Lins teve o seu mandato de deputado estadual, conquistado em 2006, cassado e, até junho de 2009, encontrava-se preso na penitenciária de Bangu 8. Atualmente, ele responde aos seus inúmeros processos em liberdade.

Com o novo secretário de Segurança Pública, o embate seguiu, embora de maneira mais discreta, até o momento em que Josias Quintal questionou a visibilidade e independência de Luiz Eduardo Soares. A partir de uma divergência sobre a atitude do cineasta João Moreira Salles em ajudar um traficante de drogas a sair da criminalidade — Marcinho VP, da favela Santa Marta —, o governador demite Soares de forma pública, em uma entrevista a um telejornal do maior canal televisivo de TV aberta do Brasil.

Desse modo, o governador faz um giro em suas propostas inovadoras no campo da segurança pública e retoma o projeto tradicional que já fora recuperado por Marcello Alencar. Desse modo, terminou de forma melancólica o primeiro desenho de segurança pública que realmente procurava dar conta da complexidade da questão no Rio de Janeiro. Um programa que buscava conferir "um tratamento transformador e radicalmente democrático da segurança pública, particularmente 'do comportamento policial', o que seria decisivo para a democratização efetiva e completa da sociedade brasileira" (Soares, 2000, p. 41).

Em abril de 2002, em função da candidatura presidencial de Garotinho, assumiu o cargo a vice-governadora Benedita da Silva, do PT. Naquele momento, o ex-governador já estava incompatibilizado com o PT, assim como com o PDT, e criou uma série de armadilhas para o governo interino que iria assumir por nove meses. Na ocasião, Luiz Eduardo foi novamente convidado para contribuir na elaboração do programa de segurança pública e na indicação de nomes para a equipe; além disso, aceitou participar, na condição de candidato a vice-governador, da chapa petista. A Secretaria de Segurança Pública foi assumida por Roberto Aguiar, um acadêmico da Universidade de Brasília, que já ocupara posto similar na gestão de Cristovam Buarque, então integrante do PT. O novo comandante geral da Polícia Militar foi o coronel Francisco José Braz, um policial negro. Já o chefe da Polícia Civil escolhido foi o delegado Zaqueu Teixeira, membro do mesmo partido da governadora Benedita da Silva.

Não obstante seu curtíssimo período de governo, a principal ação do mandato de Benedita da Silva foi o enfrentamento mais direto das três facções criminosas que dominavam, naquela ocasião, o tráfico de drogas no Rio de Janeiro.[45] Nesse quadro, os índices de violência, em especial a letal, continuaram crescentes e a sensação de insegurança continuou caracterizando a vida da população do Estado.[46]

As dificuldades para viabilizar o seu governo em meio a um processo eleitoral, assim como um leque de contradições e divergências no desenvolvimento da campanha, levaram à derrota da chapa de Benedita da Silva e de Luiz Eduardo Soares.[47] O forte investimento em políticas sociais assistencialistas e a base social no interior do Estado e nas igrejas evangélicas, nas favelas e na região da Baixada Fluminense, fizeram com que a maioria da população votasse pela continuidade do governo Garotinho, expresso na candidatura de sua esposa, Rosinha. Seu governo manteve a lógica política adotada por seu marido, que era o dirigente de fato do mandato.

---

45 O fato de o Terceiro Comando e da ADA, aliados contra o Comando Vermelho, terem ampliado em mais de 40% o seu território durante o governo Garotinho fez com que se aventasse na época a possibilidade de um acordo velado da cúpula da polícia com essas organizações no intuito de diminuir o poderio do CV. Tal fato nunca foi comprovado.

46 Contribuiu para aumentar a sensação de insegurança a realização de uma série de atentados, no dia 30 de setembro de 2002, pela facção criminosa Comando Vermelho, a fim de conseguir benefícios para suas lideranças presas. O fato teve como ápice uma rebelião promovida no presídio de segurança máxima Bangu I e no assassinato do principal dirigente da facção rival, ADA, Arnaldo Medeiros, o Uê.

47 No processo eleitoral, de maneira pouco transparente e por razões não reveladas, o candidato a vice-governador foi afastado da campanha pela cúpula do PT e praticamente não teve espaço para se colocar no processo.

Rosinha Garotinho governadora

Anthony Garotinho demonstrou seu peso eleitoral ao conseguir eleger, em primeiro turno, sua esposa Rosângela Barros Assed Matheus de Oliveira, a Rosinha Garotinho, nova governadora para o período de janeiro de 2003 a dezembro de 2006. Primeira mulher eleita para o cargo de governadora no Rio de Janeiro, Rosinha Garotinho assumiu a pasta prometendo dar continuidade aos projetos iniciados por seu marido, que deixara o governo para se candidatar à Presidência da República. A razão da vitória do casal derivou da significativa simpatia junto à população mais pobre do Estado, embora fosse profundamente rejeitado pelos setores médios da cidade do Rio de Janeiro e pelos eleitores identificados com o PT e alguns outros partidos do campo progressista.

A popularidade do casal Garotinho nas favelas é contraditória, devido a seu rompimento com Leonel Brizola — tendo se aproximado de novo do velho governador apenas no final de sua vida — e sua política de segurança tradicional. O fato revela, por um lado, a valorização fundamental por parte da maioria da população das favelas das políticas sociais, em geral profundamente assistencialistas, afirmadas pela dupla. Mais do que isso, expressa certo sentimento de desesperança de que a política de segurança estadual poderia ser realizada de outra forma. Depois de muitas tentativas, idas e voltas, as próprias lideranças das favelas já não tinham a mesma disposição para tratar do tema. Além disso, o domínio das associações de moradores por pessoas indicadas por traficantes de drogas ou milicianos fez com que essas organizações perdessem a capacidade de representar os interesses dos moradores das favelas diante do Estado.

De qualquer forma, como maneira de demonstrar a valorização do tema da segurança pública, o próprio Anthony Garotinho assumiu o cargo de secretário da pasta. Sem realizar nada de novo, afastou-se para ser substituído, cerca de um ano depois, pelo delegado da Polícia Federal Marcelo Itagiba, ligado historicamente a José Serra, dirigente do PSDB e candidato em 2002 à sucessão presidencial. Na chefia de Polícia Civil, voltou ao cargo o delegado Álvaro Lins. No plano da estratégia de enfrentamento da criminalidade, adquiriu relevância simbólica o uso de carros blindados pelas forças de segurança. Apelidado de Caveirão, em função do símbolo da caveira usado pelo Batalhão de Operações Especiais (BOPE) em seu veículo, o blindado foi justificado como uma forma de preservar a vida dos policiais no momento de entrada nas favelas.[48]

De fato, os dados demonstram uma redução substantiva da morte de policiais em serviço após a introdução do novo veículo:

TABELA 2 — POLICIAIS MORTOS EM SERVIÇO NO ESTADO DO RIO DE JANEIRO DE 2000 A 2006

ANO	MILITARES	CIVIS	TOTAL
2000	20	3	23
2001	24	3	27
2002	33	7	40
2003	43	7	50
2004	50	0	50
2005	24	9	33
2006	27	2	29

FONTE: Tabela montada a partir dos dados constantes no site CESEC.

48 A fim de diminuir o impacto negativo do apelido conferido pela população, as forças de segurança denominaram o veículo blindado de *pacificador*, mas o apelido é usado apenas pelos seus integrantes mais graduados.

Por outro lado, houve um aumento significativo dos casos de mortes ou ferimentos aos moradores das favelas sem envolvimento com a criminalidade. O fato de o policial no veículo blindado poder agir sem ser identificado aumenta o uso da violência e o uso de armas contra os moradores sem critério de respeito à vida. Com isso, o sentimento de temor e tensão no cotidiano dos territórios populares foi ampliado de forma progressiva. O fato provocou uma grande campanha por parte de muitas organizações da sociedade civil contra o uso do veículo, mas a cúpula da Secretaria de Segurança não mudou sua estratégia de uso.

Nesse quadro de uso da violência indiscriminada contra a população das favelas, o principal fato novo da gestão do casal Garotinho foi a notória, embora não cabalmente provada, a identificação da nova cúpula com os grupos milicianos. Durante aquela gestão, e contando com o beneplácito das estruturas policiais, essas organizações criminosas ampliaram seu domínio territorial de forma crescente, controlando grandes parcelas das favelas, loteamentos e ocupações da Zona Oeste da cidade e, posteriormente, chegando à Ilha do Governador e à zona da Leopoldina, inclusive à Maré. O grau de vinculação entre, especialmente, Marcelo Itagiba e as milícias ficou evidente quando ele foi o candidato mais votado a deputado federal na favela Rio das Pedras, dominada pelo principal e mais antigo grupo de milicianos do Rio de Janeiro.

No caso da Polícia Civil, foram feitas muitas denúncias de que a sua cúpula praticava extorsões a traficantes e recebia suborno de contraventores, em particular os que controlavam as ilegais máquinas de videopôquer, dentre outros crimes. Assim, o sentimento dominante na sociedade carioca era de que a 'banda podre' — termo celebrado por Luiz Eduardo Soares para designar as parcelas de policiais envolvidos em atividades criminosas — havia dominado a instituição policial e a dirigia para o atendimento de seus próprios interesses.

O governo do casal Garotinho terminou em 2006, marcado por um evidente desgaste e sob forte ataque da grande mídia e dos setores de esquerda. Mesmo assim, a falta de uma alternativa política sustentável permitiu ao senador Sérgio Cabral, rival do casal no PMDB, partido para o qual eles tinham migrado após saírem do PDT e passarem pelo PSB, vencer a eleição em 2006 contra a ex-juíza Denise Frossard.

O mandato do governador Sérgio Cabral e as Unidades de Polícia Pacificadora — UPPs

Da mesma forma que Anthony Garotinho, Sérgio Cabral, político com forte influência na Assembleia Legislativa e da qual fora presidente por 12 anos, prometeu seguir novos princípios no campo da segurança pública. O discurso de que essa questão seria tratada de forma diferenciada, como uma prioridade de seu governo, deu o tom de sua campanha. Na corrida eleitoral, em diferentes situações, o então candidato a governador afirmava, por exemplo, que seria prioridade de seu governo a valorização da corporação policial. Ele enfatizava, em particular, a importância da concessão de uma melhoria significativa aos salários, já que considerava o seu baixo valor um dos fatores determinantes dos graves problemas na segurança pública no Estado do Rio de Janeiro. Trechos de um discurso do período eleitoral ilustram bem esse compromisso:

> Eu fiz questão de vir aqui, nessa reta final, faltam apenas 12 dias para as eleições [sic], para dizer o quanto eu acredito que só temos um caminho a percorrer para garantir segurança pública de qualidade à nossa população: é a valorização da Corporação; é a valorização dos profissionais da Segurança Pública. Quero dizer

> que não sou afeito a demagogia, não sou afeito à graça pré-eleitoral. Quero ratificar aqui esse compromisso da reposição dessas perdas salariais. Assumo aqui esse compromisso. Eu não vou dizer que eu vou pagar em um mês, em dois meses, em três meses, em quatro meses, em cinco meses. Mas, nós vamos estabelecer um calendário, os senhores comprovarão comigo a gestão pública. Eu vou prometer, me comprometer, de ser um governador ao lado dos senhores. Não só na questão salarial, que aqui estou assumindo esse compromisso, espero que esteja sendo gravado, para que os senhores me cobrem, trabalhando juntos positivamente nessa reposição.
>
> **DISPONÍVEL NO BLOG "DIÁRIO DE UM POLICIAL MILITAR: O MUNDO POLICIAL COMO VOCÊ NUNCA VIU". ACESSADO EM ABRIL DE 2009**[49]

A acirrada discussão em torno da segurança pública e as promessas de que se trataria essa temática sob outra ótica, até então não vivenciada no Estado do Rio de Janeiro, levou à promessa por parte do governador de reduzir, inclusive, o uso do carro blindado nas incursões às favelas. Nesse caso, o candidato afirmou,

---

49 Depois de promessa tão veemente, é curioso registrar um episódio ocorrido pouco mais de um ano depois, em janeiro de 2008, que gerou a demissão do primeiro comandante nomeado pelo governador: "Em reação a uma passeata de cerca de 300 manifestantes da Polícia Militar e do Corpo de Bombeiros por melhores salários, domingo (27), na praia do Leblon, na Zona Sul, o governo do Rio de Janeiro anunciou que 'todos os oficiais' — sem exceção — que participaram da manifestação do último fim de semana serão exonerados e ficarão fora de função até 'segunda ordem'. Pelo menos oito oficiais com comando estavam no protesto. O ato foi considerado uma 'insubordinação' e 'ofensivo' ao governador Sérgio Cabral e ao secretário de Segurança Pública, José Mariano Beltrame. Os manifestantes se aproximaram da residência particular de Cabral, no Leblon, que recebeu reforço no policiamento" (G1, 29 de janeiro de 2008).

em matéria publicada após a vitória eleitoral e antes de tomar posse, uma identidade concreta com os movimentos dos direitos humanos e comunitários, muito críticos ao uso do veículo:

> Os carros blindados da polícia estão com os dias contados. O governador eleito do Rio de Janeiro, Sérgio Cabral Filho (PMDB), anunciou que sua política de segurança pública prevê a aposentadoria dos dez caveirões, da PM, e do "'pacificador', da Coordenadoria de Recursos Especiais (CORE) da Polícia Civil. Para ele, o uso desses veículos para entrar em favelas é "uma coisa assustadora [...]. É um trauma para as comunidades. Não dá para fazer Segurança Pública com caveirão", disse, acrescentando que a polícia entrará "prestando serviços e garantindo segurança à população".
>
> **JORNAL *O DIA*, 15 DE NOVEMBRO DE 2006**

As promessas de Cabral foram seguidas pela formação de uma equipe na área de segurança coerente com a perspectiva de construção de um novo paradigma na área da segurança pública, depois de muitos anos: para a Secretaria de Segurança foi indicado o delegado da Polícia Federal José Mariano Beltrame, que anteriormente ocupava o cargo de superintendente da Polícia Federal no Rio de Janeiro. Um policial profissional, técnico e considerado uma boa escolha pelas organizações da sociedade civil que atuam no campo dos direitos humanos e da segurança pública. Como chefe da Polícia Civil, foi nomeado o delegado Gilberto da Cruz Ribeiro, considerado um policial sério, competente tecnicamente, comprometido com a modernização da polícia e, principalmente, sem vínculos com a chamada banda podre. Representada por Álvaro Lins, essa teria dominado a Polícia Civil, de acordo com os movimentos sociais, durante a maior parte das gestões de Garotinho e Rosinha.

A indicação mais festejada pela sociedade civil, todavia, foi a do coronel Ubiratan Ângelo para o comando geral da PM. Ele era a expressão real de um novo paradigma para a segurança pública carioca: negro, de origem popular, profissional com 31 anos na Polícia Militar, atuou durante sua vida como policial em iniciativas como o GPAE e a Escola de Formação dos profissionais da segurança — na qual coordenou, inclusive, uma significativa mudança no currículo, além de ter sido um dos idealizadores da proposta do seminário 'A polícia que queremos', em julho de 2006.[50]

O coronel Ubiratan era (re)conhecido por ser um profissional da segurança que defendia, historicamente, uma polícia comprometida com os direitos humanos, com a melhoria da qualificação dos policiais e das condições de trabalho. Em função disso, construiu uma natural aproximação com os movimentos sociais que lutam por mudanças na área da segurança pública, na perspectiva de uma política comprometida com a valorização da vida e respeito aos direitos humanos.

A expectativa inicial de amplos setores sociais de mudança do paradigma de guerra ao crime, sinônimo de guerra ao tráfico de drogas nas favelas, todavia, não se realizou. O primeiro a sair do cargo foi, justamente, o coronel Ubiratan. Sua saída foi provocada de forma direta pela manifestação, já citada, de policiais militares, inclusive alguns muito próximos a ele, por melhores salários, em janeiro de 2008. Não houve manifestações de ordem alguma da sociedade civil no sentido de se garantir a sua permanência. De fato, a passagem do coronel Ubiratan ficou muito aquém da expectativa que sua posse gerara. Não ocorreu, como fora prometido e

---

50 O seminário envolveu a corporação e organizações da sociedade civil, em particular o Viva Rio, e objetivou reunir propostas para melhorar a segurança pública.

se esperava, uma mudança de postura por parte da PM em relação aos moradores de favelas, por exemplo. A ação bélica, sem planejamento e inteligência, em áreas ditas conflagradas continuou norteando a ação da Polícia Militar. O veículo blindado permaneceu cumprindo seu papel da mesma forma como no governo anterior. Para culminar, na gestão do coronel Ubiratan foi realizada pela Polícia Militar, com apoio da Força Nacional, uma operação de guerra no Morro do Alemão, na qual foram mortas e feridas dezenas de pessoas.[51]

O comandante que sucedeu Ubiratan Ângelo foi o coronel Gilson Pitta Lopes, que dirigia o serviço reservado da corporação. Pitta assumiu o cargo de comandante geral da Polícia Militar em meio à crise com um grupo de oficiais que reivindicavam melhoria salarial e melhores condições de trabalho. A manifestação ocorrida na orla do Leblon, motivo alegado para a demissão do coronel Ubiratan por 'falta de comando da tropa', se inseria nesse processo. Na manifestação, foram instaladas 586 cruzes, a fim de chamar atenção para o número de policiais mortos desde o ano de 2004. Os oficiais dirigentes das reivindicações integravam um coletivo de membros da Polícia Militar de alta patente autodenominado Grupo dos Barbonos.[52] Alguns dos tenentes-coronéis que partici-

---

51 A alegação para a operação teria sido o assassinato de dois policiais por traficantes daquela favela.

52 O Grupo dos Barbonos — referência à denominação histórica da sede do Quartel do Comando Geral da Corporação — foi formado com o objetivo de influenciar na modernização e fortalecimento institucional da PM. Em 03/07/2007, o grupo enviou uma carta aberta para o governador, o secretário de Segurança e o comandante geral da PM. Nela, era apresentado, em um texto marcado pela defesa da corporação e da hierarquia, um leque de reivindicações. Dentre elas, se destacava a solicitação de equiparação salarial com a Polícia Civil, melhorias nos equipamentos e mudanças administrativas e legais. Na ausência de respostas do governo, a manifestação de janeiro de 2008 foi a culminância do processo. Curiosamente, o coronel Gilson Pitta era um dos assinantes do documento, no qual todos os coronéis se comprometiam a não assumir os cargos de

param do protesto foram exonerados por Pitta logo após sua posse como comandante geral.

A segunda transformação na cúpula dos órgãos de segurança do Rio de Janeiro aconteceu em 17 de abril de 2009. Gilberto Ribeiro Cruz expressou uma posição crítica a uma intenção do secretário de Segurança Pública de permitir o acesso público a dados da segurança e também às declarações de bens dos policiais. Segundo ele, o acesso público a informações como essa poderia ser utilizado por pessoas mal intencionadas para prejudicar membros da corporação. Considerando a postura um ato de insubordinação, do mesmo modo que ocorrera na crise da PM em janeiro de 2008, o governador demitiu Gilberto Cruz.

O novo chefe da Polícia Civil passou a ser Alan Turnowski. Anteriormente, ele atuava na área operacional e de planejamento estratégico da Polícia Civil. Além desse cargo de direção, Alan Turnowski já havia dirigido a Delegacia de Roubos e Furtos de Cargas (DRFC) e a então Delegacia de Repressão a Entorpecente (DRE), atualmente denominada Delegacia de Combate às Drogas (DCOD). Em fevereiro de 2011, em função de disputas na cúpula da Polícia Civil e da acusação de envolvimento com policiais corruptos, Alan Turnowski foi substituído pela delegada Marta Rocha.

O primeiro ano de mandato de Cabral se caracterizou pela manutenção do modelo hegemônico no campo da segurança pública, centrado no enfrentamento do tráfico de drogas e sem consideração à ação da milícia, que continuava a expandir seu território de ação, embora de forma mais lenta. Não foram estabelecidas novas formas de relação com os moradores e instituições das favelas, nem formas de reduzir a violência letal ou o desrespeito aos direitos humanos.

Comandante Geral ou de Comandante do Estado-Maior. Cf.: **http://militarlegal.blogspot.com/2007/07/carta-dos-co- ronis-pms-do-grupo-barbonos.html.**

Um grave equívoco, todavia, de um grupo de milicianos que dominava a favela do Batan, em Realengo, na Zona Oeste do Rio de Janeiro, mudou a postura do governo: o grupo criminoso sequestrou e torturou durante horas dois jornalistas e um motorista do Jornal *O Dia* que estavam na favela a fim de reunir material para produzir uma reportagem sobre o cotidiano da favela sob o domínio da milícia. O fato provocou uma grande comoção na grande mídia, que exigiu medidas urgentes contra os milicianos. A partir do fato, vários setores sociais, tanto no poder público como na mídia, que entendiam ser a milícia um mal menor diante dos grupos que traficam drogas, perderam o discurso. No processo, a ALERJ aprovou, de forma acelerada, a Comissão Parlamentar de Inquérito sobre as Milícias (a CPI das milícias, como ficou conhecida). Ela havia sido protocolada em fevereiro de 2007 pelo deputado Marcelo Freixo e nunca havia sido encaminhada para votação. E isso apesar de naquele mesmo mês ter sido assassinado o inspetor de polícia Felix Tostes, reconhecido chefe da mais antiga milícia do Rio de Janeiro, a da favela Rio das Pedras.

No caso do Batan, a PM ocupou a favela, a Polícia Civil prendeu a maioria dos membros da milícia local e, a partir dali, foi desencadeado um processo sem volta de enfrentamento dos maiores grupos milicianos, seja pela atuação corajosa dos principais membros da CPI, seja pela pressão da grande mídia. Esta passou a visibilizar as ações repressivas, os assassinatos cometidos e os imensos ganhos financeiros dos grupos milicianos a partir do controle de várias atividades econômicas e da extorsão dos moradores e comerciantes.[53] O atendimento às pressões dos grandes meios de comunicação de enfrentamento da milícia gerou a adoção

53 De acordo com relatório da CPI das Milícias, o grupo denominado Liga da Justiça, chefiado pelo policial e então vereador Jerominho e seu irmão, o deputado estadual Natalino Guimarães, chegava a faturar 4 milhões de reais por mês com as atividades criminosas. Cf. Relatório da CPI das milícias, 16 de dezembro de 2008.

de uma série de medidas voltadas para as favelas em torno da questão da criminalidade. Nesse âmbito, duas medidas emblemáticas foram tomadas: o processo de ocupação das favelas por forças militares e a política de construção de muros em torno de algumas favelas de áreas nobres cariocas, no caso, a Zona Sul.

A estratégia de ocupação das favelas, expulsão do tráfico de drogas e o estabelecimento da soberania do Estado nesses espaços tem como referência fundamental a experiência desenvolvida em Bogotá, Colômbia. Nos últimos anos, tem sido amplamente divulgado o sucesso dos poderes públicos daquela cidade, assim como os de Medellín e Cáli, na diminuição dos índices de violência letal e na recuperação do controle de áreas urbanas dominadas por grupos criminosos.

Incapaz de manter as promessas de campanha no sentido de construir uma nova forma de tratar a questão da segurança pública nas favelas, o governo Cabral apostou todas as fichas na estratégia de Policiamento Comunitário.

Iniciada por uma ação de força das forças policiais, voltada para a expulsão do grupo criminoso local, a estratégia culmina no estabelecimento das 'Unidades de Polícia Pacificadora', novo nome conferido pelo governo estadual à ação nas favelas.

O processo de ocupação pelas forças militares começou a ser implantado na favela Santa Marta em novembro de 2008, chegou à Cidade de Deus em janeiro de 2009, à favela do Batan em fevereiro de 2009 e, em junho do mesmo ano, no Chapéu Mangueira e na Babilônia. Em novembro de 2010, foi realizada a ocupação do Complexo do Alemão, a de maior impacto político e social até então. A ampla votação obtida em 2010 pelo governador em sua campanha de reeleição, na qual as UPPs tiveram um peso central, demonstrou o grande apelo popular e eleitoral da medida. Cabral recebeu 5,2 milhões de votos (66,08%) já no primeiro turno, desbancando o candidato do PV, Fernando Gabeira.

Em dezembro de 2011, foi a vez da favela da Rocinha e das vizinhas Vidigal e Chácara do Céu, o mais emblemático território favelado brasileiro. Assim, ao final de três anos foram ocupadas todas as favelas da Zona Sul do Rio de Janeiro, com exceção de Santo Amaro, na Glória, e a maior parte da Grande Tijuca, incluindo a Mangueira, favela também de grande importância simbólica devido à presença da mais popular escola de samba carioca. Em janeiro de 2012, a cidade do Rio de Janeiro contava com 19 Unidades de Polícia Pacificadora. Àquela época, a previsão do governo estadual era de chegar, em 2014, a 40 unidades instaladas, incluindo cidades vizinhas à capital. Mas entre 2013 e 2014, muitas coisas aconteceram no Rio de Janeiro e esse número total de UPPs nunca foi atingido.

As manifestações populares iniciadas em junho de 2013 no Rio de Janeiro, impulsionadas inicialmente pela insatisfação com o aumento de tarifas de transporte público, e o caso do ajudante de pedreiro Amarildo, torturado e morto por policiais na sede da UPP da Rocinha, em julho do mesmo ano, foram o estopim para uma brusca reviravolta na popularidade do governador Sérgio Cabral. As pautas dos protestos no Rio foram sendo ampliadas na mesma proporção em que Cabral foi se tornando alvo das manifestações, que incluíram críticas à corrupção, à violência policial, à realização da Copa do Mundo, prevista para o ano seguinte no Brasil. Reportagens evidenciaram o uso repetitivo de helicópteros oficiais por sua família e também a proximidade do governador com empresários investigados por corrupção, escândalos mais tarde comprovados, que culminaram em sua prisão e condenação.

Paralelamente, a morte de Amarildo Dias de Souza, cujo corpo nunca foi encontrado, ganhou grande repercussão na mídia, transformando-se num marco da denúncia da violência policial em favelas e comunidades periféricas, sobretudo, em áreas nas quais o programa das UPPs havia sido implementado. A comoção foi tanta que o próprio governador foi obrigado a se comprometer publicamente nas investigações, dando seu apoio também à família de

Amarildo. Um total de 25 policiais foram denunciados pelo crime, que incluiu tortura, morte, ocultação de cadáver, fraude processual e formação de quadrilha armada. O caso Amarildo evidenciou as falhas e abusos no funcionamento das UPPs, provocando um debate público sobre a eficácia e os limites dessa política de segurança, que a partir daí entrou em declínio.

Em novembro de 2013, o governador Sérgio Cabral contava apenas com 20% de aprovação da população fluminense, 30% a menos do que em novembro de 2010, auge de sua popularidade. Pouco antes, em setembro, ele havia inaugurado a Cidade da Polícia, no bairro do Jacaré, Zona Norte do Rio, que passou a abrigar, naquele momento, 13 delegacias especializadas, a Coordenadoria de Recursos Especiais (CORE) e órgãos da chefia da Polícia[54]. Apesar disso, o início de 2014 foi marcado por uma série de ataques às Unidades de Polícia Pacificadora, que culminaram em confrontos, incêndios e mortes de policiais, levantando ainda mais dúvidas sobre o funcionamento das UPPs.

Cabral renuncia e Pezão assume o Governo do Estado

Em abril de 2014, em meio a este cenário de desgaste, Cabral renunciou ao cargo de governador, alegando que teria que se desincompatibilizar para se candidatar às eleições daquele ano, algo que não aconteceria por conta de sua impopularidade. Em seu lugar, assumiu o governo o vice-governador, Luiz Fernando Pezão, que acabaria vencendo também as eleições de outubro, para um

---

54 Em 2025, a Cidade da Polícia continua funcionando, seguindo o mesmo modelo desde a sua inauguração. Atualmente são 15 delegacias especializadas, além do CORE, e um total de três mil agentes trabalhando no local.

mandato que não chegou ao fim no tempo previsto. Já na posse, Pezão anunciou a assinatura do decreto presidencial de Garantia da Lei e da Ordem (GLO), mecanismo que concede provisoriamente às Forças Armadas o poder de atuar com as funções de polícia. Na prática, o objetivo foi acalmar a opinião pública às vésperas do início da Copa do Mundo de Futebol no Brasil, com uma ação altamente midiática. E a região escolhida para essa operação, que durou 15 meses, foi o Conjunto de 15 favelas da Maré.

A operação iniciada no dia 5 de abril de 2014, dois dias depois da posse de Pezão, mudou o cotidiano dos moradores e a paisagem da Maré. Foram destacados 2.700 militares para que oficialmente fosse chamada de preparação para a instalação da UPP Maré, que, no entanto, nunca foi concretizada. O custo estimado dos 15 meses de operação foi de cerca de R$500 milhões. Havia patrulhamento ostensivo, revistas a moradores, prisões em flagrante, uso sistemático de tanques e helicópteros, soldados armados, arames farpados, barricadas. O medo se instalou nas ruas e vielas, enquanto escolas e clínicas da saúde foram fechadas com frequência. As favelas da Maré se transformaram em um território de exceção, onde os direitos dos moradores, historicamente negligenciados pelo Estado, foram ainda mais desrespeitados. No período, foram abertos 76 processos criminais por crimes cometidos por ou contra militares.

Com o objetivo de entender o que a população da Maré de fato sentiu durante a ocupação, eu estive à frente de uma pesquisa realizada pela Redes da Maré em parceria com a instituição britânica *People's Palace Projects*, da *Queen Mary University of London*. Mil moradores das favelas ocupadas, com idades entre 18 e 69 anos, foram ouvidos na pesquisa intitulada 'A ocupação da Maré pelo Exército brasileiro — Percepção de moradores sobre a ocupação das Forças Armadas na Maré'[55]. A maioria dos moradores avaliou

---

55 A pesquisa foi transformada em livro e está disponível em: **https://www.redesdamare.org.br/media/livros/Livro_Pesquisa_ExercitoMare_Maio2017.pdf.**

negativamente a ocupação: menos de 25% consideraram a ação boa ou ótima, enquanto quase 50% a classificaram como regular e 26% como ruim ou péssima, enquanto cerca de 70% dos moradores afirmaram que a presença das Forças Armadas não aumentou a sensação de segurança. E 22% dos entrevistados relataram terem sofrido violações de direitos durante a ocupação, muitas vezes de forma repetida e principalmente em abordagens e invasões de domicílio. Ao cabo de 15 meses de ocupação das Forças Armadas na Maré ficou a certeza de que o preço que se pagou foi muito alto para que nenhum avanço estrutural tenha de fato ocorrido.

Em meio à ocupação militar nas favelas da Maré, Pezão foi eleito governador, numa eleição marcada por muitas alianças políticas. Pezão disputou o segundo turno com Marcelo Crivella, vencendo com 55,78% dos votos válidos. Durante a campanha, Pezão prometeu espalhar 90 UPPs na região metropolitana do Rio de Janeiro, mas a última UPP inaugurada foi em maio de 2014, antes mesmo das eleições. Durante a transição de Cabral para Pezão, a delegada Martha Rocha deixou o cargo de chefe da Polícia Civil, sendo substituída por Fernando Veloso, que ficou no posto até 2016. Já o secretário de Segurança Pública, José Mariano Beltrame, manteve-se no cargo desde o primeiro mandato de Sérgio Cabral, em 2007, até 2016, quando a crise nesta área foi se tornando cada vez mais insustentável. Em seu lugar assumiu Roberto Sá, que pediu exoneração em fevereiro de 2018, logo após o decreto de intervenção federal na segurança do estado, realizado a pedido do governador.

O próprio governador reconheceu que as forças policiais estaduais não davam mais conta da escalada de violência no Rio de Janeiro, com o avanço do crime organizado, nas palavras de Pezão. A medida radical transferiu o comando das policiais estaduais para um interventor militar nomeado pelo governo de Michel Temer, que havia assumido a presidência da República em 2016, após o impeachment de Dilma Rousseff. O interventor militar escolhido foi o general do Exército Walter Braga Netto, que mais tarde assumiria cargos no governo do presidente Jair Bolsonaro e, mais recentemente, foi acusado de ser figura central no plano de tentativa de golpe de Estado, no final de 2022, para impedir a posse do presidente eleito Luiz Inácio Lula da Silva.

Antes da intervenção militar de 2018, outros fatos importantes também marcaram o governo Pezão. Junto com a crise na segurança pública, houve a grande crise financeira do estado que culminou na adesão do Rio ao Regime de Recuperação Fiscal acordado com o Governo Federal, em 2017. A crise, que eclodiu durante o mandato de Pezão, na verdade, teve origem nos governos de Cabral, fruto de má gestão fiscal, corrupção, queda de receita e mesmo decisões políticas polêmicas, como renúncias fiscais. Contratos públicos como a obra da Linha 4 do metrô e do Arco Metropolitano foram superfaturados e marcados por corrupção, como mostrou mais tarde a Operação Lava Jato. O resultado foram atrasos salariais de servidores do estado, aposentados e pensionistas. Houve ainda colapso nos serviços públicos, nas áreas de saúde e educação. Mais uma vez, quem mais sofreu foi a população mais pobre e vulnerabilizada. Finalmente, acusado de liderar um esquema bilionário de corrupção, o ex-governador Sérgio Cabral foi preso em novembro de 2016, tornando-se réu em diferentes ações penais, acusado de corrupção passiva, lavagem de dinheiro, formação de quadrilha e evasão de divisas. Julgado posteriormente, foi condenado a mais de 400 anos de prisão.

O ano de 2016 tem também dois marcos na luta pelo direito à segurança pública no Conjunto de Favelas da Maré: o início da série histórica de monitoramento de operações policiais e demais violências armadas no território, com dados documentados no Boletim Direito à Segurança Pública na Maré, realizado pela equipe da Redes da Maré, e a Ação Civil Pública (ACP) da Maré, medida judicial coletiva inédita no Brasil, voltada à segurança pública em favelas, ajuizada para proteger os direitos fundamentais do moradores da Maré, durante operações policiais na região.

Ainda na busca de mais segurança para os moradores da Maré, no governo de Luiz Fernando Pezão, em 2017, foi realizada a Marcha contra a violência na Maré. O início daquele ano tinha sido marcado por 14 operações policiais, 16 feridos e 12 mortes. À procura de soluções, moradores e instituições locais criaram o Fórum Basta de Violência, outra Maré é possível, responsável pela organização da marcha, que reuniu cerca de cinco mil pessoas caminhando pelas ruas das favelas da Maré, num ato político que, de algum modo, pudesse desnaturalizar, ou mesmo conter a onda de muitas violências.

Poucos meses depois, a intervenção militar no Rio de Janeiro seria marcada justamente pelo aumento de operações policiais e de mortes em confrontos da polícia. Com um custo de R$1,2 bilhão dos cofres federais, nos dez meses de intervenção, houve redução dos indicadores de criminalidade, como latrocínio (roubo seguido de morte), que caiu quase 34%, e a taxa de homicídios, que caiu 13,6%. No entanto, o número de mortes em confrontos com a polícia cresceu 40%, com uma média de quatro assassinatos por dia, de janeiro a novembro de 2018.

Logo no começo da intervenção federal na segurança pública do Rio de Janeiro, em 14 de março de 2018, a vereadora do PSOL e ativista dos direitos humanos Marielle Franco foi brutalmente assassinada com seu motorista Anderson Gomes, num crime político de repercussão nacional e internacional. Ex-moradora do Conjunto Esperança, uma das favelas da Maré, Marielle construiu uma trajetória de ativista que sintetizava muitas das lutas pelos direitos das pessoas empobrecidas. A apuração do crime enfrentou várias dificuldades mesmo com a intervenção militar, e, somente em 2024, os assassinos Ronnie Lessa e seu comparsa Élcio Queiroz foram julgados e condenados a penas quase máximas. Mas os mandantes do crime, peças chaves do assassinato, não foram julgados até hoje.

O desconhecido Witzel é eleito governador

O ano de 2018 chegou ao fim com a inesperada eleição do ex-juiz federal Wilson Witzel ao governo do Rio de Janeiro, derrotando o então ex-prefeito do Rio de Janeiro, Eduardo Paes, no segundo turno, e também pela prisão do governador Pezão, quase no final de seu mandato. Pezão não havia tentado a reeleição, alegando que gostaria de voltar a ser uma pessoa comum, mas, na realidade, pesou em sua decisão as crises financeira e de segurança pública do estado do Rio de Janeiro. Em novembro de 2018, ele acabou preso, detido pela Polícia Federal em sua residência oficial, o Palácio Laranjeiras, acusado de participar de esquemas de corrupção, lavagem de dinheiro e organização criminosa. O vice-governador Francisco Dornelles assumiu o governo do estado até a posse de Witzel, em janeiro de 2019. Com mais essa prisão, a instabilidade política e a crise financeira do Rio de Janeiro só se aprofundaram. Em 2021, Pezão foi condenado a quase 99 anos de prisão, mas dois anos depois a pena foi anulada e o ex-governador absolvido.

Desconhecido do grande público, Wilson Witzel chegou ao Palácio Laranjeiras impulsionado por uma campanha baseada no discurso linha dura contra o crime, que defendia carta branca para a polícia agir e, ao mesmo tempo, por seu forte elo com o bolsonarismo, vitorioso em todo o país, naquela eleição. Contaram muito o apoio da família Bolsonaro e de grupos com atuação, claramente, comprometida com crimes e redes ilícitas para a vitória de um governador que representou uma ruptura com a histórica política fluminense, desgastada por tantas crises simultâneas.

Ao assumir o cargo, Witzel reestruturou a área de segurança, extinguindo a Secretaria de Segurança Pública, que existia desde 1995, enquanto criou secretarias separadas para as polícias Civil — assumida por Marcus Vinícius Braga — e Militar — com o coronel Rogério Figueiredo de Lacerda à frente. Também foi alterado o funcionamento do Conselho Estadual de Segurança Pública, para que o poder de voto da sociedade civil tivesse fim. O discurso raivoso do novo governador se refletiu no aumento imediato da letalidade em ações policiais, defendida por ele sem constrangimento. Foi de Witzel a famosa frase 'a polícia vai mirar na cabecinha e...fogo!', referindo-se ao combate de criminosos armados. Nos primeiros seis meses de mandato, em 2019, foram registradas 881 mortes cometidas por policiais, o maior número desde que o monitoramento começou a ser feito, em 1998. O novo governo implementou ainda o uso de atiradores de elite e de helicópteros como plataforma de tiro nas operações policiais, especialmente em favelas.

O Boletim Direito à Segurança Pública na Maré, da Redes da Maré, ganhou uma edição extra[56], no primeiro semestre de 2019, com o objetivo de expor as atrocidades do novo governo, durante as operações policiais no território. Os indicadores dos primeiros seis meses daquele ano haviam superado os dados de 2018. Foram 21 operações policiais (oficialmente contra o comércio de drogas), que resultaram em 15 mortes, contra 16 operações em 2018, com 19 mortes em dias de operação. Por conta disso, os postos de saúde e as 46 escolas da Maré foram obrigados a fechar suas portas em dez dias no primeiro semestre de 2019, prejudicando o desenvolvimento físico, psíquico, social e econômico de uma parcela enorme dos moradores. No fim do ano de 2019, o boletim[57] anual mostrou que houve 39 operações policiais, 45 pessoas feridas e 49 mortes por arma de fogo. O balanço é que a cada 9,4 dias aconteceu uma operação policial na Maré, contabilizando quase 300 horas de

---

56 Boletim direito à segurança pública na Maré. Edição especial 2019. Disponível em: **https://redesdamare.org.br/media/downloads/arquivos/BoletimSegPublica_EdicaoEspeci.pdf**. Acesso em: 20 out. 2019.

57 Boletim direito à segurança pública na Maré. Edição 2019. Disponível em: **https://www.redesdamare.org.br/media/downloads/arquivos/BoletimSegPublica_2019.pdf**.

operações ali, que resultaram em 24 dias de escolas fechadas e 15 dias de unidades de saúde da região sem funcionar.

O boletim de 2019 da Redes da Maré alertava também para o aumento do uso de helicópteros como plataforma de tiro durante as operações. Em 2017, este tipo de helicóptero atirador foi usado uma vez, em 2018 três vezes e em 2019 foram 13 vezes. Na época, Witzel declarou repetidas vezes que estava à caça do que chamava de narcoterroristas, uma forma clara de acusar todos os moradores de favela de serem envolvidos com as redes ilícitas do comércio de drogas.

Witzel sofre impeachment e Cláudio Castro assume como governador

O início da epidemia de covid-19, em 2020, não freou as operações policiais. Na região das favelas da Maré, mesmo com isolamento social e quarentena, houve 16 operações com cinco mortos, 17 pessoas feridas, oito dias com unidades de saúde fechadas — algo totalmente desumano numa época em que a população precisava mais do que nunca de assistência. Escândalos de corrupção na área de saúde durante a pandemia envolvendo o governador acabaram sendo cruciais para o impeachment de Wilson Witzel, que fora afastado do cargo em meados de 2020, mas saiu definitivamente em maio de 2021. Em seu lugar assumiu o vice-governador Cláudio Castro, que, em 2022, com uma campanha eleitoral marcada pelos desafios que envolvem o debate da segurança pública, foi reconfirmado no cargo, eleito com 58,67% dos votos válidos, no primeiro turno, no qual Marcelo Freixo ficou em segundo, com 27,38% dos votos.

Foi na gestão de Cláudio Castro como governador que, a partir da Arguição de Descumprimento de Preceito Fundamental (ADPF) nº 635, conhecida como ADPF das Favelas, o Supremo Tribunal Federal começou a impor restrições à atuação das forças policiais em favelas e periferias no estado do Rio de Janeiro, como a proibição do uso de helicópteros como plataforma de tiro, exceto em situações de necessidade, restrições a operações próximas a escolas e hospitais, obrigatoriedade do uso de câmeras corporais em policiais. Inspirada na ACP da Maré, a ADPF 635 foi protocolada em 2019 pelo Partido Socialista Brasileiro (PSB), em conjunto com entidades e movimentos sociais do Rio de Janeiro, entre eles Redes da Maré, Observatório de Favelas, Conectas, Justiça Global, Iniciativa Direito à Memória e Justiça Racial e Defensoria Pública do Estado do Rio de Janeiro. O objetivo era questionar a política de segurança pública do Estado do Rio de Janeiro, denunciando graves violações de direitos humanos cometidas por agentes do estado nas favelas.

Decisões provisórias do STF, a partir de 2020, impuseram restrições às operações durante a pandemia de covid, limitando o uso da força letal e obrigando o governo do estado do Rio a justificar a motivação das ações ao Ministério Público do Estado do Rio de Janeiro. Os números de mortos em operações caíram, mesmo sem que todas as regras fossem cumpridas, como mostram dados do Fórum Brasileiro de Segurança Pública. Depois da a ADPF das Favelas, houve redução da letalidade policial de 11,3 para 5,4 por 100 mil habitantes em apenas quatro anos. Ou seja, as mortes ocasionadas em operações policiais no Rio de Janeiro caíram de 1.814 em 2019 para 699 em 2024 — uma diminuição de mais de 61,5%.

Infelizmente, apesar das reclamações do governador, o que se viu em dias de operação policial é que muitas das determinações do STF seguiram sendo descumpridas. Na Maré, em 2024[58], em apenas 5 das 42 operações houve a presença de ambulâncias para atendimento imediato aos feridos, descumprindo o protocolo que previa a obrigatoriedade de suporte médico durante as ações para reduzir mortes evitáveis.

---

58 https://www.redesdamare.org.br/media/downloads/arquivos/BoletimDireitoSegPublicaADPF25.pdf.

Importante pontuar que, em janeiro de 2023, o Grupo Especial de Salvamento e Implementação de Resgates (GESAR) da Secretaria de Polícia Militar do Estado do Rio de Janeiro passou a contar com novos veículos com equipamento de UTI móvel. Em entrevista[59] no site da corporação, o secretário e coronel Luiz Henrique Marinho Pires enfatizou que as ambulâncias blindadas seriam usadas como apoio à tropa e ao pronto socorro de policiais militares. Na Maré, no entanto, não houve qualquer registro de utilização dessas ambulâncias para atendimento da população em dias de operação. Ainda em 2024, foram registradas também 93 invasões de domicílios durante operações policiais na Maré, muitas delas sem mandado judicial e acompanhadas de outras violações de direitos, como ameaças, agressões físicas e até tortura. Finalmente, aconteceram muitas ações policiais próximas a escolas e aos hospitais, algo que deveria ser evitado, segundo as determinações do STF naquele momento.

O julgamento do mérito da ADPF das Favelas teve início no final de 2024 e foi concluído em abril de 2025. Antes disso, porém, Cláudio Castro fez mudanças na área de segurança pública do seu governo, recriando a Secretaria de Estado de Segurança Pública, para a qual foi nomeado o policial federal de carreira Victor César dos Santos. Ao mesmo tempo, Castro passou a criticar abertamente a ADPF das Favelas, afirmando que as restrições impostas pelo STF dificultavam a atuação das forças de segurança, sendo um obstáculo no combate ao crime organizado. A ADPF 635 transformou-se, assim, numa questão política, envolvendo diferentes atores, do cenário político e da sociedade civil, em busca de apoio da opinião pública. Ao longo das últimas décadas, a segurança pública se tornou uma questão que parece sem solução e, ao mesmo tempo, uma grande plataforma eleitoreira.

---

59 https://sepm.rj.gov.br/2023/01/equipes-de-resgate-da-policia-militar-passam-a-atuar-pela-primeira-vez-no-pais-com-ambulancias-blindadas/.

Recorrer ao STF, órgão cuja missão suprema é zelar pela Constituição do país, aconteceu depois de muitas tentativas anteriores de chamar atenção para a situação crítica em que vivem os moradores de favelas no Rio de Janeiro. Nesses territórios, a política de segurança pública é, historicamente, centrada no enfrentamento bélico, produzindo uma série de violências e violações contra uma população que já sofre com negligências dos mais variados tipos por parte de quem deveria ser o responsável pela garantia de seus direitos.

Finalmente, depois de adiamentos, o julgamento final da ADPF 635 no STF, em Brasília, aconteceu no início de abril, com os 11 ministros do Supremo aprovando, de forma conjunta, medidas de combate à letalidade policial em operações em favelas no Rio de Janeiro. Houve ganhos, mas também perdas no resultado da ação, que ficou cinco anos tramitando. Muitos pleitos da sociedade civil foram validados e o fato de termos chegado à instância máxima do poder jurídico no país foi de grande avanço para as populações de favelas e periferias. As conquistas foram fruto de um trabalho de décadas construído pelas organizações de sociedade civil.

Há pontos importantes e sensíveis que foram reforçados pelo STF e deverão ser cumpridos pelo estado do Rio de Janeiro, todos frutos da mobilização da sociedade civil. Entre eles estão o uso de câmeras corporais pelos agentes, a preservação da cena do crime para perícia, ambos muito importantes para haver a investigação de possíveis abusos de poder. É importante lembrar que, entre 2016 e 2024, das 148 mortes em operações policiais na Maré, somente 16 foram periciadas e apenas uma completou toda fase pré-investigativa, tornando-se um processo judicial de fato.

Foi determinada também a presença obrigatória de ambulâncias em operações policiais, a necessidade de mandado judicial para justificar buscas em domicílio e somente durante o dia. São conquistas de direitos que, apesar de básicos e constitucionais, não são garantidos nesses espaços. Em todas as ações, o Estado do Rio de Janeiro vai precisar oferecer, posteriormente, justificativa para as operações, criar indicadores e apresentar dados, o que é mais uma conquista para determinar o respeito na condução dessa política em favelas e periferias, além de provocar possíveis mudanças no modo como a polícia historicamente atua nas favelas, uma prática histórica de suspensão de direitos.

A determinação de investigar os policiais que cometem crimes é algo que é importante, mas ainda mais importante, nesse caso, é que a forma de investigação será revista. A partir da decisão, os homicídios praticados por policiais devem ser obrigatoriamente investigados pelo Ministério Público, com a presença de promotores nas cenas de morte provocadas por agentes, o que possibilita imparcialidade nas investigações. A decisão também aponta o ingresso da Polícia Federal nesses casos e a criação de um monitoramento no Conselho Nacional do Ministério Público. Ambas trazem um elemento novo de maior respaldo e controle para as práticas do estado.

Embora o Governo Cláudio Castro tenha inicialmente saudado a decisão como uma vitória da razoabilidade, o cumprimento prático das medidas tem sido marcado por opacidade, lentidão e, em muitos casos, descaso. Até julho de 2025, não havia sido publicado um cronograma público para implementação das medidas exigidas pelo STF, e a utilização de câmeras corporais permanecia restrita à parte das unidades da Polícia Militar. A ausência de protocolos padronizados para a preservação de cenas de crime e a falta de ambulâncias durante operações continuam sendo denunciadas por organizações como a Redes da Maré e a Defensoria Pública do Estado do Rio de Janeiro. As investigações, que deveriam ser imediatamente assumidas pelo Ministério Público, seguem, em boa parte dos casos, sob controle das próprias forças de segurança — comprometendo o princípio da imparcialidade.

A Secretaria de Estado de Segurança Pública, recriada em 2023 e comandada pelo delegado Victor César dos Santos, não demonstrou publicamente avanço no cumprimento das obrigações determinadas pelo STF. As estruturas de coordenação, correição e planejamento continuam operando em modelo compartimentado entre as polícias, sem que haja articulação efetiva para a reformulação das estratégias de atuação nas favelas. Não houve anúncio de investimentos significativos em equipamentos como câmeras, ambulâncias ou sistemas de monitoramento externo, tampouco foram publicadas diretrizes específicas para o tratamento da saúde mental de agentes envolvidos em letalidades — uma das exigências da Corte.

Apesar da queda acentuada da letalidade policial entre 2019 (1.814 mortes) e 2024 (699 mortes), os dados preliminares de 2025 apontam uma tendência de estagnação ou até leve aumento, em especial nas Zonas Norte e Oeste do Rio de Janeiro, segundo informações do Instituto de Segurança Pública (ISP) e boletins independentes. A ausência de uma política pública estruturada, que combine prevenção, responsabilização e reconstrução dos vínculos entre Estado e favela, contribui para a perpetuação do ciclo de violência institucional.

No campo político, 2025 é também um ano de articulações eleitorais. Embora Cláudio Castro não possa disputar a reeleição, seu grupo político busca viabilizar a continuidade do projeto de segurança pautado no enfrentamento armado. Pré-candidatos vinculados ao governo têm defendido maior autonomia para as polícias e se colocado contra o que chamam de interferência judicial na atuação das forças de segurança. Em contraponto, setores da sociedade civil, especialistas e organizações de favela como a Redes da Maré têm trabalhado para acompanhar de perto o cumprimento das exigências e a implementação efetiva das medidas definidas na ADPF 635, a abertura de canais de controle social e a centralidade da vida.

A ausência de resposta estrutural às determinações do Supremo, combinada ao uso político da violência como ferramenta eleitoral, revela que o modelo de segurança pública vigente no Estado do Rio de Janeiro segue sendo orientado por um paradigma de guerra. E, como demonstram os dados e as experiências cotidianas da Maré, esse paradigma continua a produzir sofrimento, mortes e silenciamento nas favelas.

Após o resultado do julgamento do mérito da ADPF 635, a tarefa da sociedade civil é seguir acompanhando os desdobramentos da decisão do STF, para fazer as cobranças necessárias para que as determinações sigam sendo efetivadas.

O voto proferido pelo Supremo Tribunal Federal em abril de 2025 representou um marco histórico para a segurança pública no Brasil. Pela primeira vez, o STF estabeleceu critérios objetivos e vinculantes para a atuação das polícias em territórios periféricos, elevando a defesa da vida, da dignidade e dos direitos fundamentais à condição de parâmetros obrigatórios e legalidade institucional. Tais determinações constituem, não apenas um freio à letalidade policial, mas um redesenho institucional do papel das forças de segurança nos territórios como as favelas da Maré.

A decisão do Supremo consolidou o papel da sociedade civil como fiscalizadora do cumprimento da ordem judicial. O voto favorável à ADPF se converteu em instrumento pedagógico e normativo, utilizado por organizações de favelas como a Redes da Maré e outras para cobrar respostas, exigir transparência e garantir o protagonismo popular na política de segurança. A decisão do STF rompeu o ciclo de omissão institucional e abriu caminho para o reconhecimento da centralidade da vida negra e favelada no desenho da política pública. A ausência de resposta efetiva por parte do governo do estado apenas reforça o abismo entre os avanços normativos e a prática autoritária ainda vigente, mas não apaga o valor político, simbólico e jurídico da decisão. Em 2025, o Supremo Tribunal Federal afirmou, com firmeza, que a favela não é território inimigo e que a política de segurança deve se orientar pela proteção da vida — e não pela sua eliminação.

A história mostra que há uma grande miopia e certa desatenção por parte da sociedade brasileira quando falamos sobre o direito à segurança pública e à necessidade da sua experiência ser vivida pelo conjunto da população e, não apenas, por uma parcela dela. É preciso fazer uma separação entre ações de enfrentamento ao crime e a repressão às atividades ilícitas sem territorializar as soluções, simplesmente.

A forma como a polícia tem atuado historicamente tem atingido de maneira ilegal e desumana uma maioria de pessoas, moradores de favelas, que são, justamente, as mais afetadas na sua vida cotidiana e na sua existência por serem confundidas e consideradas como parte das redes criminosas. O direito à segurança pública é algo que deve ser almejado individual e coletivamente, mas ainda é um direito interditado para as populações empobrecidas.

FOTO: DOUGLAS LOPES

RECONHECENDO DIFERENÇAS

De tudo ficaram três coisas
A certeza de que estamos começando...
A certeza de que é preciso continuar...
A certeza de que podemos ser interrompidos
antes de terminar...
Façamos da interrupção um caminho novo...
Da queda, um passo de dança...
Do medo, uma escada...
Do sonho, uma ponte...
Da procura, um encontro!

FERNANDO SABINO

No processo de desenvolvimento deste trabalho, ficaram mais evidentes para mim os limites das estratégias tradicionais no campo da segurança pública na Maré. De fato, quando olhamos para as favelas no processo de espraiamento pela cidade, vemos que, ao longo de sua existência, foram materializados alguns direitos básicos referentes à urbanização e implantação de serviços públicos nas áreas da saúde, da educação, da coleta regular de lixo, da iluminação pública e, em menor escala, de cultura e artes. Direcionado, porém, ao acesso à justiça ou mesmo a órgãos voltados para a garantia da segurança pública em regiões com as características da Maré, quase nada avançou.[60]

As razões para essas ausências localizadas são várias. Entre elas, apresenta-se, de forma expressiva, o leque de representações que, muitas vezes, mesmo quando são aparentemente progressistas, não levam em devida conta a riqueza das práticas sociais dos moradores das favelas e outros assentamentos populares. Nesse sentido, a valorização do conceito tradicional de luta de classes ou de consciência (assim como as estereotipias que norteiam o olhar sobre os grupos sociais populares), não contribui para uma apreensão ética e teórica mais sofisticada da humanidade dos moradores das favelas, dentre outros.

A tradicional estigmatização das áreas onde residem os mais pobres da cidade fundamenta as políticas públicas de segurança efetivadas, que ignoram os direitos dos cidadãos locais. O reconhecimento atual, por parte de todos os grupos sociais, inclusive os dominantes, de que a criminalidade presente nas favelas se tornou o grande problema da cidade não tem ajudado a mudar essa realidade. Pelo contrário, a estigmatização tem crescido, assim como o juízo de que a informalidade e as atitudes ilícitas são inerentes aos espaços favelados e aos seus moradores.

Ajudou-me a compreender melhor a importância das representações hegemônicas e suas consequências o contato direto com os três segmentos entrevistados no trabalho de campo: moradores, integrantes de grupos criminosos armados e os policiais militares.

---

60 Uma evidente demonstração do fato é o Tribunal de Justiça do Rio de Janeiro ter desobrigado, em 2009, os Oficiais de Justiça a entregarem intimações em favelas, devido à identificação dessas localidades como áreas de risco. O fato demonstra que o Poder Judiciário, um dos pilares da República, não considera como parte de suas atribuições contribuir para a superação da atual situação de privatização da soberania nas favelas.

As falas desses agentes, a interlocução com diferentes conceitos, as análises e as proposições no campo da segurança pública e das ciências humanas (além do contato com experiências inovadoras no campo que me propus a estudar) demonstraram ser tangível, na atual conjuntura do país, a construção de caminhos alternativos ao conflito impiedoso, responsável pela reprodução de um cotidiano marcado por muita dor, violência e medo na vida dos moradores das favelas cariocas, entre outros.

O reconhecimento e a criação de condições de superação dos limites acima apontados devem fazer parte da esfera de ações do conjunto de agentes atuantes na instância estatal, na sociedade civil e na iniciativa privada. Nesse sentido, a estratégia hegemônica, centrada no enfrentamento bélico do tráfico de drogas, não poderá ser superada apenas pela polícia, pois sua construção vai para além desta. Uma conclusão fundamental deste trabalho, que já intuía, mas pude reforçar, é que de fato a segurança pública não pode ficar apenas nas mãos das forças de segurança, e não será transformada a partir das corporações. É necessário, cada vez mais, que amplas forças sociais, em especial a sociedade civil, as universidades e os meios de comunicação, afirmem outro projeto de segurança, que tenha como eixos fundamentais a perspectiva republicana e cidadã.

Essa proposição não é trivial. Muitas organizações da sociedade civil, por exemplo, continuam adotando uma postura meramente reivindicatória e denuncista em relação às práticas policiais, sem buscar construir canais de diálogo, metodologias e proposições conceituais que contribuam para a construção efetiva de outros paradigmas. Elas estabelecem, no caso, um olhar para o Estado centrado no maniqueísmo e distanciamento, como se os órgãos estatais (em especial no campo da segurança pública) e seus integrantes fossem dominados pelo desejo profundo de prejudicar os moradores pobres e de manter suas situações de opressão e exploração. Não há contradição nesse olhar, não há complexidade. Há, simplesmente, o desejo de manter-se em uma zona de conforto e não enfrentar o conjunto sofisticado de tensões e desafios colocados diante dos diversos atores da realidade social contemporânea.

Da mesma forma, as universidades ainda são em grande parte dominadas por um conjunto significativo de preconceitos em relação ao tema da segurança pública — o melhor exemplo recente foi a decisão, em 2008, do Conselho Universitário da Universidade Federal Fluminense, em Niterói, de negar a criação de um curso de graduação na área de Segurança Pública. O argumento central foi de que o tema estaria vinculado, historicamente, ao autoritarismo. Diante de posições tão distantes da realidade social, e a segurança é um tema fundamental dessa realidade, o que acontece nas universidades, em geral, são práticas isoladas, fragmentadas e com pouca escala, conduzidas por abnegados profissionais que entendem a relevância do tema. No que concerne aos meios de comunicação, por sua vez, é sabido que são ocupados, principalmente, por profissionais dos setores médios do Rio de Janeiro. Essas pessoas, nesse caso, expressam um conjunto de representações sobre o crime, a violência e as favelas que reproduzem as percepções usuais desses grupos sobre os espaços populares e seus moradores, obviamente com o devido entendimento de que os donos dos meios de comunicação é que são os responsáveis pela linha editorial assumida. Afirmam-se, então, as noções de que a favela é violenta, e não de que seus moradores são vítimas da violência, de que o tráfico de drogas é uma força do mal (demoníaca) e que todos os esforços para combatê-lo são louváveis, inclusive o enfrentamento bélico total, com as recorrentes mortes dos moradores e de muitos jovens que entram na rede social criminosa. Por fim, para não ser exaustiva, é afirmada cotidianamente nos meios de comunicação a ideia de que as favelas são espaços de carência, inclusive ética e moral, homogêneas e destituídas de elementos fundamentais para a vida na cidade. Desse modo, seus moradores são usualmente representados como seres menores, sem condições efetivas para o exercício da cidadania.[61]

Nesse caso, cabe superar as representações tradicionais, conservadoras, mas também as ditas progressistas, que trabalham com uma lógica simplificadora e determinista da realidade social da favela e sobre o papel do Estado. Assim, apenas com propostas criativas, integradas, que articulem diferentes atores sociais, será possível a produção de políticas públicas inovadoras para os espaços populares no campo da segurança pública.

As posições hegemônicas na cidade também o são, naturalmente, na favela e entre as forças policiais. Assim, os moradores da Maré, como se nota nas entrevistas e nas respostas aos questionários utilizados, afirmam juízos curiosos a respeito de questões atinentes a seu espaço de moradia e sobre as políticas de segurança pública: por um lado, revelam a satisfação de ali morarem e reconhecem as inúmeras vantagens do espaço local; por outro, reconhecem os limites, especialmente devidos à questão da violência; têm consciência dos preconceitos que sofrem e se lastimam por ele.

As falas, de fato, revelam as contradições presentes no imaginário da população da Maré em relação à questão da violência: os moradores incorporam principalmente a representação dominante de que a favela é uma área problemática em si, como se não fosse um território constituinte da cidade. Também não conseguem construir uma interpretação da realidade local que seja

61 Em evento realizado em setembro de 2009, o ex-ministro Reis Veloso, que dirige um Fórum Nacional que reúne anualmente boa parte do PIB brasileiro, comentou, após uma mesa redonda, que contou com a presença de vários moradores de favelas, que ficara impressionado: 'esperava ouvir um monte de bobagens, de perder duas horas, mas ouvi coisas inteligentes, o que mostra que a capacidade dos moradores de favelas está aumentando'. Nada mais cristalino do preconceito das chamadas elites do que uma fala como essa; ela impregna, infelizmente, a maior parte da sociedade. O depoimento me foi dado por um dos palestrantes da mesa redonda, em um tom entre o irônico e o indignado com a ignorância e, por que não dizer, falta de educação do ex-ministro com os integrantes da mesa.

relacional, que estabeleça uma vinculação efetiva entre a realidade local e a do conjunto da cidade. Nesse caso, os moradores não conseguem ainda perceber que a construção de um equipamento público, como a Cidade da Música na Barra da Tijuca, significa menos investimento em sua área de moradia, da mesma forma que a opção de realizar a maior parte dos eventos dos Jogos Pan-Americanos no mesmo bairro nobre. Nesse caso, a construção de uma percepção integrada de cidade e a necessidade de inverter as prioridades das políticas públicas para os espaços populares só poderão ser efetivas quando os moradores desses territórios compreenderem melhor como as políticas públicas são construídas e materializadas, incluindo as de segurança.

No que concerne aos policiais, o contato com eles foi o ponto mais rico para mim, em termos subjetivos e objetivos, da construção do livro. Através desse contato tive a oportunidade de reconhecer a humanidade desses profissionais, as suas razões, que justificam as suas práticas, além dos medos e as representações que norteiam suas ações como policiais. Isso não significou concordância com muitas de suas práticas ou a relativização ética delas. O que ficou foi a certeza de que é possível construir estratégias que melhorem as condições de trabalho dos policiais, que os valorizem profissionalmente e que mostrem sua importância para a sociedade, inclusive no espaço favelado. Ações como essas podem — adquiri essa certeza — mudar completamente a forma de funcionamento da corporação.

Para isso, faz-se necessária outra postura por parte dos grupos e corporações que dominam o Estado: é indispensável que esses coloquem, de fato, a política de segurança pública em outro patamar, que construam formas novas, estáveis e de longo prazo nesse campo e persigam com rigor seus objetivos. Desse modo, será possível ganhar a sociedade para uma solução global, que envolva políticas integradas, intersetoriais, com a participação de diversas instâncias, incluindo as organizações sociais. Eles não chegarão a isso por sua conta; assim, cabe aos movimentos e organizações sociais colocarem na agenda a necessidade de sensibilizar os agentes públicos a trabalharem no desenho de novas estratégias de segurança pública que superem as atuais, marcadas pelo fracasso e pelo desperdício, tanto de recursos públicos, como de vidas.

Cabe reconhecer, felizmente, que mudanças significativas vêm ocorrendo no campo da segurança brasileira e fluminense que não podem ser ignoradas. O governo federal tomou como sua tarefa, nos últimos anos, ao lado de outras instâncias federativas, atuar nesse campo. Chamou atenção, nesse caso, no ano de 2009, a realização da I Conferência Nacional de Segurança Pública. O processo de construção do evento reuniu centenas de milhares de participantes por todo o Brasil, apesar da limitação da metodologia, que engessou além da conta o processo de participação e de proposições. O processo permitiu uma discussão ampla sobre o tema e a definição de um conjunto de princípios que podem nortear a construção de uma política de segurança com referências cidadãs nos próximos anos. Cabe considerar a falta de uma maior articulação das forças sociais em geral, e das organizações que atuam no campo dos direitos humanos em particular, a respeito desses rumos. Assim, o governo fez predominar sua posição sobre o tema, definindo o escopo do debate, as linhas aprovadas e seus desdobramentos. Nesse caso, é inegável considerar que a conferência serviu como uma forma de legitimação da política do governo federal. Eu a considero, apesar de tudo, um avanço diante da inexistência de um programa de peso nesse campo historicamente.

Outro exemplo de iniciativas recentes no campo de uma visão nacional sobre a segurança pública foi a elaboração, pela Secretaria Nacional de Segurança Pública (SENASP), do Programa Nacional de Segurança com Cidadania (PRONASCI). O programa, em sua concepção, tem acertos: enfatiza a importância de uma política integrada entre os entes federativos no campo da segurança; investe na articulação com a sociedade civil; leva em conta a importância dos direitos humanos na construção da política de segurança pública; estimula a adoção de políticas intersetoriais, com ênfase na área social; valoriza, sobremaneira, o policiamento comunitário, de forma a aproximar as forças de segurança da população; estimula a criação de conselhos locais dedicados ao tema da segurança pública etc. O problema fundamental do programa federal é que a maior parte dessas proposições não é materializada em políticas concretas, que atinjam, de fato, o conjunto da população, em especial os mais pobres. Isso porque, dentre outros limites, a dependência do programa nacional em relação às organizações estaduais e municipais o torna fragmentado, sem escala e sem impacto. Em especial, ele não consegue tratar dos pontos fundamentais que dificultam o acesso à segurança pública dos moradores das favelas, o que o fragiliza de forma inapelável.

Um programa de caráter nacional no campo da segurança pública, conforme constatei na pesquisa realizada e apresentada na tese deveria realizar dois investimentos fundamentais, a fim de superar os impasses presentes na política de segurança voltadas às favelas: o trabalho com o campo simbólico, com o imaginário da população, e a valorização do policial.

No que concerne ao trabalho com o simbólico, com as representações hegemônicas a respeito da violência, das favelas e das estratégias de segurança, cabe construir um programa abrangente, de longo prazo e com o envolvimento de múltiplos atores sociais que enfrentem as concepções tradicionais de violência e de estratégias de combate à criminalidade. Variados estudos[62] — e o meu não foi diferente — demonstram que a população carioca, e outras do país, se identificam com uma série de práticas no campo da segurança pública na qual se admite o uso da violência e da criminalização de práticas sociais específicas como estratégias centrais no combate

---

62 Estudos citados no desenvolvimento da tese, em especial de instituições que trabalham com o tema da segurança pública, tais como CESeC, CRISP, NEV, Observatório de Favelas etc.

à criminalidade. Assim, defende-se ou naturaliza-se, majoritariamente, a criminalização das drogas e do aborto, a pena de morte informal dos criminosos pela polícia, os maus-tratos aos presos, a militarização do enfrentamento do tráfico de drogas e, no limite, a violência policial contra os mais pobres, principalmente os favelados.

Programas de enfrentamento da violência necessitam aplicar recursos no *front* do imaginário, construindo ações duradouras e globais, voltadas para a difusão de uma política cidadã de segurança pública. Deixando claro que ela não terá resultados imediatos, que terá contradições, resistências e limites em sua execução. Desse modo, seria possível enfrentar com mais transparência as resistências corporativas, os grupos corruptos e os limites da cultura militarista, autoritária, patrimonialista e anticidadã dominante nas forças policiais e na sociedade.

Creio ser necessário destacar, nessa disputa simbólica, o equívoco do foco, moralista, conservador e preconceituoso, no combate à venda das drogas como crime priorizado pelas forças de segurança. Sob qualquer aspecto que se considere o fenômeno — econômico, político, social, ético ou no campo da saúde, entre outros — não é razoável essa priorização. Os custos sociais, financeiros e de vidas humanas, a fragilização das organizações estatais, a geração de um alto grau de insegurança no conjunto da população da cidade, e, de forma especial, a ausência absoluta de resultados práticos demonstram a falta de sentido dessa estratégia de combate ao tráfico de drogas.

Por outro lado, é evidente que o principal instrumento de avanço da criminalidade na cidade e da escalada da violência é o tráfico de armas, em especial as de alto calibre. Nesse sentido, mesmo sem entrar no debate sobre a falta de sentido ético de a proibição da venda de drogas conviver com a legalidade da venda de armas para civis, é evidente que a espiral de violência só poderá ser interrompida quando o foco das forças de segurança passar a ser a defesa da vida humana. Para isso, são necessárias medidas eficazes, que impeçam o acesso dos grupos criminosos às armas e garantam a desarticulação das quadrilhas nacionais e internacionais que fazem esse tráfico.

Para isso, cabe também o trabalho no campo do simbólico: no caso da Maré, grande parte da população local é contra a descriminalização das drogas e todos os policiais assumiram a mesma posição. A imensa maioria da população vê a proibição como uma medida inevitável e que, sem ela, a situação poderia ficar ainda pior. Isso, apesar de a realidade de outros países que convivem com a venda das drogas demonstrar que sua presença não é a principal responsável pela dinâmica de violência que afeta países como o Brasil. Cabem, então, informações adequadas, sensibilização sobre os custos sociais do combate ao tráfico de drogas, a humanização dos usuários e a forte ênfase nos custos sociais, econômicos e no campo da segurança pública da complacência com a venda das armas e a invisibilidade dos grupos que a realizam.

Em outra direção, a importância da crescente valorização do policial foi, talvez, a conclusão mais impactante para mim no trabalho. Naturalmente, considerava importante que o policial fosse mais bem remunerado e mais respeitado como cidadão, tendo em vista as diversas denúncias sobre o quadro de autoritarismo da corporação militar. O que pude perceber, todavia, é que o desafio é bem mais amplo. Trata-se, na verdade, de ressignificar todo o trabalho do policial e sua condição profissional.

A representação e o perfil hegemônicos do policial foram construídos historicamente, como apresentei no desenvolvimento do livro. As mudanças nesses campos exigem, para serem viabilizadas, ações concretas e profundas. Em primeiro lugar, naturalmente, urge a melhoria expressiva dos salários. Essa medida é fundamental para atrair novos quadros, com melhor formação escolar e teórica, interessados em investir de forma profunda na sua qualificação profissional. Além disso, faria com que, diante da possibilidade de práticas corruptas, o policial potencialmente desonesto temesse os riscos de perder um valorizado emprego. O melhor caminho para a valorização salarial seria a criação de um Fundo Nacional de Valorização do Policial, ou algo equivalente, nos termos dos fundos já existentes para a Educação. Esse fundo seria usado para garantir um valor mínimo salarial ao policial brasileiro e o complementaria em todas as unidades federativas. A criação de um fundo como o proposto se articularia com a criação de um programa de modernização das forças policiais, que pudesse permitir a melhoria das condições de exercício do trabalho, as relações de poder dentro da estrutura e a progressiva desmilitarização da corporação policial militar. Um programa similar deveria ser feito em relação à Polícia Civil. Com efeito, a valorização salarial não vai influenciar na mudança da longa tradição hierárquica das forças policiais. A Polícia Militar é marcada por uma forte dose de autoritarismo e pela distância nas relações entre oficiais e praças. Ao lado disso, nela é reproduzida uma lógica corporativa, na qual os policiais militares, em geral, se sentem diferentes dos 'civis' e com direitos superiores, no que concerne à justiça criminal. A superação dessa realidade exige que se amplie a valorização do policial como servidor público, com direitos e deveres inerentes, a criação de uma política de segurança de Estado e não de governos, e a precisa definição de responsabilidades dos integrantes das forças policiais levando em conta a cadeia de comando e o controle social de suas estratégias e atividades. Essas seriam algumas das iniciativas necessárias para a superação da descrença, desesperança, frustração, estresse e baixa autoestima da maioria dos integrantes da Polícia Militar,[63] assim como a recuperação do valor maior do seu trabalho social.

---

63 Pelo que já foi descrito em muitos estudos, realizados em geral pelas organizações sociais e grupos universitários que tratam do tema da segurança pública, é possível considerar que as posições dos policiais entrevistados neste livro representam as da maioria dos policiais fluminenses.

O outro elemento da conjuntura da segurança pública que deve ser acompanhado de perto e exige um grande debate diz respeito ao papel que vem sendo assumido pelas Unidades de Polícia Pacificadora (UPPs). Com efeito, há aspectos muito relevantes na iniciativa, que deve ser estimulada. O que não significa ignorar a falta de um projeto claro, surgido a partir de uma definição mais abrangente no campo da segurança pública pelo governo do Estado. Basta verificar, nesse sentido, que o prestígio do secretário responsável pela implantação do projeto é bem mais popular e reconhecido do que o governador.

De fato, a soberania criminosa exercida pelos GCAs na maior parte das favelas e periferias do Rio de Janeiro decorreu da historicamente insuficiente presença soberana do Estado e da complacência de setores da segurança pública com os grupos criminosos. Em função disso, ainda será necessário percorrer um caminho longo a fim de se desfazer a crença de que não é possível pensar as favelas a partir dos mesmos pressupostos de outras partes da cidade do Rio de Janeiro, em especial no que diz respeito à segurança de seus moradores. Esse limite está presente na ação das Unidades de Polícia Pacificadora e me parece o fator que mais ameaça o sucesso do projeto.

A estratégia de chegada às favelas para a implantação da UPP passa por uma compreensão do conjunto de agentes e forças que agem no território em questão. Esse reconhecimento, entretanto, tem servido para que haja uma definição sobre como a polícia vai entrar e se estabelecer, mas não como forma de mobilizar e discutir a participação dos moradores no projeto de segurança que se pretende realizar. Um exemplo preocupante da consideração acima aconteceu na favela do Batan. Ali, um policial que reside na favela e trabalha no BOPE se apresentou na Associação de Moradores local e, de maneira pouco transparente, convenceu que os membros em exercício deixassem seus cargos. Além disso, teria convencido membros da corporação a se mudarem para a favela. A partir daí, ele assumiu a presidência da organização comunitária e os seus colegas assumiram os outros postos de direção. Isso tudo foi declarado candidamente para jornalistas do jornal mais influente e de maior circulação do Rio de Janeiro.[64]

Essa intervenção dos policiais, legitimada pela corporação e pela mídia, na ocupação da favela do Batan, foi a mesma utilizada no momento da chegada da milícia, que expulsou traficantes e indicou um grupo de moradores, a ela ligados, para dirigirem a organização comunitária. A abordagem feita pela polícia demonstra que a visão sobre as favelas permanece distorcida, sendo dominada pelo pressuposto de que é necessário que os moradores estejam sempre subjugados a um tipo de ordenação que não as definidas pelo Estado e pela lei. O que temos, no caso, não é a afirmação de um Estado Republicano, que vê os moradores das favelas como cidadãos, mas a afirmação de um Estado Policial, que age a partir de parâmetros sustentados no desejo dos comandantes locais, de acordo com suas idiossincrasias.

Outros exemplos dos riscos da afirmação de um Estado Policial nas favelas ocupadas pelas pretensas unidades pacificadoras são o toque de recolher e o corte de cabelo compulsório dos adolescentes e jovens identificados com o estilo funkeiro, práticas que foram denunciadas por organizações sociais desde o início das ações e continuaram a acontecer no seu desenvolvimento; assim como a proibição inicial, por parte da UPP de Santa Marta, de uma roda de funk organizada pela Associação de Profissionais e Amigos do Funk, fato que gerou amplos protestos na cidade. Fica nítido, diante de situações como as descritas, que as forças policiais têm de fazer um esforço contínuo para se relacionar com a população local e, em especial, com a juventude.

---

64 Cf. Jornal *O Globo*, 'Democracia nas favelas', 09/08/2009.

Os desafios diante do exposto são plurais: construir uma estratégia de segurança pública para os moradores de favelas que liberte essa população de uma situação de opressão e reconheça o seu direito inerente de uma vida com segurança; os órgãos do Estado devem agir de forma republicana, respeitando plenamente os direitos fundamentais dos moradores; construir um projeto de política pública integrado, que contribua para colocar os territórios favelados no mesmo patamar médio de desenvolvimento do conjunto da cidade.

Encontrar respostas para os desafios assinalados e outros da mesma magnitude, exige romper com a visão segregadora de que a realização de uma política pública para as favelas na área da segurança pública, por exemplo, não pode ser idealizada a partir dos mesmos parâmetros de outros bairros da cidade. É imprescindível que haja uma separação entre os GCAs e a população que reside nas favelas. Se pensarmos nesses grupos, na essência das atividades que desenvolvem, evidencia-se a necessidade de atuar a partir de uma lógica de punição como qualquer outro crime reprimido pela polícia. Reconhecer os cidadãos residentes nas favelas como sujeitos de direitos, que possuem condições de compreender uma ação do Estado voltada para a sua segurança, é o primeiro passo para que se reverta a situação de desconfiança e descrença dos moradores dessas localidades em relação a uma atuação honesta da polícia.

> Eu moro aqui na Maré há quase 30 anos e o meu sonho era ver um dia os policiais tratarem os moradores aqui com mais respeito. Outro dia vi como um jovem foi parado na rua e abordado por um policial e fiquei apavorada. Me dá uma dor no coração, porque eu não vejo motivo algum para os policiais tratarem a gente como se todos nós fôssemos bandidos. Eles pensam que não sabemos de nossos direitos, só porque moramos num lugar pobre.

> Mas se enganam. Aqui tem muita gente que tem faculdade, que ganha bem e que gosta de morar aqui.
> A gente só não gosta dessa violência, que é horrível. Mas vê bem, eu sei que o policial não pode chegar na minha casa e enfiar o pé na porta ou entrar como eles entram, com chave mestre quando nós estamos trabalhando. O que nós não sabemos, e alguns moradores têm medo de denunciar, é a quem temos de recorrer, porque tudo é difícil para os pobres. Mas isso vai acabar um dia, e eu espero ainda ver isso.
>
> **MORADORA DO PARQUE MARÉ**

Cabe esclarecer, quando se fala em confiança na polícia e em trabalho honesto, e isso é uma conclusão central para mim, em relação à atuação do Batalhão da Maré, que não concordo com a noção, típica do senso comum, de que a corrupção é o maior problema das forças policiais locais. Embora a questão tenha aparecido nas falas dos empregados no tráfico de drogas, dos moradores e, em menor escala, dos policiais, ela não se apresenta de forma generalizada, nem é a principal causa das dores enfrentadas pelos moradores da Maré. O maior limite, como ressaltei inúmeras vezes no desenvolvimento do trabalho, e já nessa conclusão, é a representação tradicional da favela da imensa maioria dos policiais, independentemente de seu grau de honestidade. Nela, a favela é vista de forma muito evidente como um espaço 'perigoso', onde cabem práticas que não seriam adequadas nos espaços ditos formais da cidade. A partir desse juízo, não há limites, regras ou formas de controle das ações policiais: tudo é permitido. Na ausência de parâmetros éticos, disciplinares e legais que orientem o comportamento policial, muitos deles tendem a cometer excessos contra os moradores e a exorbitarem de sua posição, da força das armas e da truculência. Essas práticas não mudam a partir da vontade individual, mas da reestruturação da corporação, como assinalei.

Vencer o mito 'da cidade partida', então, é fundamental para estabelecer outro olhar sobre a cidade que não se referencie pela sua dicotomia em relação à cidade-favela. Um novo olhar, sustentado no reconhecimento de que o Rio de Janeiro possui diferenciados espaços de vida e circulação, que deveriam ser marcados não pela segregação imposta pelas condições sociais e econômicas, mas pelas especificidades decorrentes do próprio processo de constituição da vida na metrópole. Entender que a favela é cidade e que, portanto, aos seus cidadãos devem ser oferecidas as mesmas condições, assim como deve se exigir o cumprimento de deveres, representará uma mudança de paradigma das políticas públicas para essas áreas.

Um alento para esse processo e elemento relevante para a construção de políticas públicas de segurança na Maré é o fato de que pelo menos 70% dos entrevistados manifestaram gostar de residir na favela. Isso, apesar das representações usuais da Maré como Faixa de Gaza, numa alusão à região onde vivem palestinos refugiados, expulsos de áreas atualmente dominadas por Israel e local de conflitos cotidianos e batalhas. O pertencimento ao lugar por parte dos moradores, incluindo-se os integrantes dos GCAs, reforça a ideia de que, do ponto de vista da dimensão da vida cotidiana na favela, há aspectos mais positivos do que negativos em ali morar. São elementos valorizados pela população local: a abundância de oferta de comércio e serviços oferecidos na região; a localização da Maré; a facilidade de locomoção; os baixos custos com moradia e tarifas em relação a outras áreas da cidade; e, ainda, questões que dizem respeito às relações pessoais e de colaboração comumente estabelecidas nas favelas, além da proximidade de familiares. O desafio, nesse quadro, é transformar a identidade com o lugar em referência para a participação em iniciativas que ajudem a romper com o ciclo de violência, de modo que se construam novas formas de ação de valorização da vida e da dignidade dos moradores.

É importante ressaltar ainda que não poderia deixar de reconhecer o papel dos meios de comunicação no processo de construção das muitas representações sobre as favelas e os espaços populares, bem como a necessidade de mudança dos mesmos no tratamento e juízo dados ao conjunto de fatos ocorridos nessas localidades. Não foi esse um ator priorizado na análise deste trabalho, apesar do reconhecimento da sua importância.

Por fim, não posso deixar de assinalar que, durante a maior parte deste trabalho, fui dominada por um saudável desconforto interno sobre como construir um trabalho que pudesse mostrar a vida cotidiana dos moradores da Maré, a partir de suas representações e vivências no campo da segurança pública.

Uma expressão desse processo, e o que me parece ser o resultado mais concreto deste trabalho, foi a criação de um movimento em torno do enfrentamento da violência na Maré, a partir de 2009. A realização de reuniões, em um espaço local, com a secretária de Educação e o comandante do 22º Batalhão, para tratar dos prejuízos dos moradores, em particular dos estudantes da rede pública, provocados pelos conflitos entre as facções, a realização da I Conferência Livre de Segurança Pública na Maré, e, no dia 20 de setembro de 2009, a caminhada e ato público, pelas ruas das favelas da Maré, de mais de 600 pessoas que estão sofrendo os efeitos diretos da guerra entre duas facções criminosas foram iniciativas inéditas e revitalizadoras.[65] Em um processo crescente, foram ilustrativas da força ascendente da sociedade civil local.

---

65 Na sexta-feira, dia 18 de setembro de 2009, o recrudescimento do conflito havia provocado várias mortes e a prisão de vários integrantes do tráfico. Diante disso, alguns integrantes do grupo de mobilização do evento sugeriram sua suspensão, temendo conseqüências para as pessoas que participariam. A maioria do grupo manteve, entretanto, a decisão de realizar o evento, sob o argumento de que só fazia sentido em fazer algo diante do conflito instalado, e não ficar esperando o seu término para agir. Não houve nenhum tipo de hostilidade dos grupos criminosos nem da polícia.

Tenho muita alegria em poder participar ativamente dessa construção, em parceria com muitos moradores da Maré e de outras partes da cidade que carregam a crença de que é possível e necessário mudar a realidade atual. Acredito que, verdadeiramente, a vida vale muito a pena e que podemos construí-la como desejarmos, que podemos dar sempre um novo significado a ela, nos tornando, a cada dia, a cada luta, a cada pequena vitória, mais humanos.

Que continuemos caminhando, construindo novas possibilidades teóricas e práticas de transformar o mundo real.

REFERÊNCIAS

ANDRADE, Carlos Drummond de. "Favelário Nacional". In: *Corpo*. Rio de Janeiro: Record, 1984, p. 109-124.

ARENDT, Hannah. *Eichman em Jerusalém:* um relato sobre a banalidade do mal. Trad. José Rubens Siqueira. Rio de Janeiro: Companhia das Letras, 2008.

ARENDT, Hannah. *Sobre a violência*. Trad. André de Macedo Duarte. Rio de Janeiro: Civilização Brasileira, 2009.

BARBOSA, Jorge Luiz. *As paisagens crepusculares da ficção científica:* a elegia das utopias urbanas do modernismo. São Paulo: Universidade de São Paulo, Departamento de Geografia, 2000 (Tese de Doutorado).

BAYLEY, David H. *Padrões de policiamento: uma análise internacional comparativa*. Trad. René Alexandre Belmonte. São Paulo: Edusp, 2001.

BENJAMIN, Cid. *Hélio Luz: um xerife de esquerda*. Rio de Janeiro: Contraponto/ Relume-Dumará, 1998.

BOUDON, Raymond. *Efeitos perversos e ordem social*. Trad. Analúcia T. Ribeiro. Rio de Janeiro: Jorge Zahar, 1977.

BOURDIEU, Pierre. *O poder simbólico*. Trad. Fernando Tomaz. Lisboa: Difel, 1989.

BOURDIEU, Pierre. *A miséria do mundo*. Trad. Mateus S. Soares. Petrópolis: Vozes, 1997.

BOURDIEU, Pierre. *Coisas ditas*. Trad. Cássia Silveira e Denise Pegorin. São Paulo: Brasiliense, 2004.

BOURDIEU, Pierre; CHAMBOREDON, Jean-Claude; PASSERON, Jean-Claude. *Ofício de sociólogo: metodologia da pesquisa na sociologia*. Trad. Guilherme João de Freitas Teixeira. Petrópolis: Vozes, 2004.

BOURDIEU, Pierre. *A distinção: crítica social do julgamento*. Trad. Daniela Kern e Guilherme J. F. Teixeira . São Paulo: Edusp, 2008.

DAVIS, Mike. *Planeta favela*. Trad. Beatriz Molina. São Paulo: Boitempo, 2006.

COMISSÃO PARLAMENTAR DE INQUÉRITO SOBRE MILÍCIAS DA ASSEMBLEIA LEGISLATIVA DO RIO DE JANEIRO. *Relatório Final*. Rio de Janeiro: ALERJ, 16/12/2008.

FRANCO, Wellington Moreira. *Discurso de posse*. Rio de Janeiro, 1987.

HOLANDA, Aurélio Buarque de. *Novo Aurélio: o dicionário da língua portuguesa*. Rio de Janeiro: Nova Fronteira, 1999.

HOLANDA, Sérgio Buarque. *Raízes do Brasil*. 26ª ed. São Paulo: Companhia das Letras, 1995.

HOLLOWAY, Thomas H. *Polícia no Rio de Janeiro:* repressão e resistência numa cidade do século XIX. Trad. Francisco de Castro Azevedo. Rio de Janeiro: Fundação Getúlio Vargas, 1997.

INSTITUTO BRASILEIRO DE GEOGRAFIA E ESTATÍSTICA (IBGE). *Censo 2000*. Rio de Janeiro: IBGE, 2003.

JODELET, Denise (Org.). *As representações sociais*. Trad. Lilian Ulup. Rio de Janeiro: EdUerj, 2001.

LEAL, Victor Nunes. *Coronelismo, enxada e voto*. Rio de Janeiro: Nova Fronteira, 1997.

LEFEBVRE, Henri. *A vida cotidiana no mundo moderno*. Trad. Alcides João de Barros. São Paulo: Ática, 1991.

MARINO, Leonardo Freire. *As forças policiais e o ordenamento territorial da cidade do Rio de Janeiro*, 2004. Dissertação (Mestrado em Geografia). Universidade Federal Fluminense, Niterói, 2004.

MARTINS, José de Souza. *O poder do atraso*. São Paulo: Hucitec, 1994.

OLIVEIRA, Francisco. *Elegia de uma re(li)gião*. São Paulo: Paz e Terra, 1977.

ORTIZ, Renato (Org.). *Pierre Bourdieu*. São Paulo: Ática, 1994.

OUTHWAITE, William; BOTTOMORE, Tom. *Dicionário do pensamento social do século XX*. Trad. Eduardo Francisco Alves. Rio de Janeiro: Jorge Zahar, 1996.

RAMOS, Silvia; MUSUMECI, Leonarda. *Elemento suspeito: abordagem policial e discriminação na cidade do Rio de Janeiro*. Rio de Janeiro: Civilização Brasileira, 2005.

SABINO, Fernando. *O encontro marcado*. Rio de Janeiro: Civilização Brasileira, 1956.

SENASP — SECRETARIA NACIONAL DE SEGURANÇA PÚBLICA. Ministério da Justiça. *Programa Nacional de Segurança com Cidadania*. Brasília, 2009.

SILVA, Eliana Sousa. *O trabalho comunitário de Nova Holanda: a busca do encontro entre o político e o pedagógico*, 1995. Dissertação (Mestrado em Educação). Pontifícia Universidade Católica do Rio de Janeiro, Rio de Janeiro, 1995.

SILVA, Eliana Sousa; SILVA, Jailson de Souza e. "Poderes soberanos nas favelas e periferias da cidade". In: LUCARELLI, Francesco; DUARTE, Cristovão Fernandes (Orgs.). *Favela & cidade*. Versão bilíngue: português e italiano. Napoli: Giannini Editore, 2008.

SILVA, Jailson de Souza. "Um espaço em busca de seu lugar: as favelas para além dos estereótipos". *Território/ Território: Revista do Programa de Pós-Graduação em Geografia*, Universidade Federal Fluminense. Niterói: EDUFF, 2002.

SILVA, Jailson de Souza. *Por que uns e não outros?:* caminhada de jovens pobres para a universidade. Rio de Janeiro: 7 Letras, 2003.

SILVA, Jailson de Souza; URANI, André. *Crianças empregadas no narcotráfico:* um diagnóstico ligeiro. Brasília: OIT, 2002.

SILVA, Jailson de Souza; BARBOSA, Jorge Luiz. *Favela:* alegria e dor na cidade. Rio de Janeiro: SENAC, 2005.

SOARES, Luiz Eduardo. *Meu casaco de general*: 500 dias no front da segurança pública no Rio de Janeiro. São Paulo: Companhia das Letras, 2000.

VENTURA, Zuenir. *Cidade partida.* São Paulo: Companhia das Letras, 1994.

Criança escreve no mural no Conjunto Esperança, uma das 15 favelas da Maré, em 2019.

FOTO: DOUGLAS LOPES

3ª EDIÇÃO outubro 2025
IMPRESSÃO rotaplan
PAPEL MIOLO pólen bold 90g/m²
PAPEL CAPA cartão triplex 300g/m²
TIPOGRAFIA arnhem, italian plate e microbrew